沙發衝浪客
的不設限之旅

作者：翁沛檀

序

旅行後，Be a better me

　　大學畢業後，我被心中某種聲音催逼一向喜歡穩定的自己成長。就這樣，我展開了人生第一次一人旅。旅行的流浪日子，我在各地的路上留下了足跡。回憶有痛苦的也有歡樂的，有失望的有超出預期的，必然經過一些風雨的磨礪，才能從旅行中成長。二十歲的你思想最自由自在，出走後每個人的得着不一樣，但我可以肯定的，是你會成長，會改變，可是回家後周遭的環境卻不變。 旅行過後，你再也不是之前的那個你了。

　　在香港生活了二十多年，生活的必需品彷彿從來都不缺。生活有水有電，不用煩惱何謂生存，最多只是思考如何改善生活。而當你走到外地，幾乎身無分文，一切還原到最基本時，才突然醒覺生存本身並不容易。即使遇上大大小小的問題，你也不能驟然坐幾十小時飛機回家，你只能靠自己照顧自己。從訂房、找沙發主人、安排交通、計劃行程、省錢、到認識當地人等等，都需要一個人解決與處理。但這種在未知的街道上所感受到的自由與躊躇，以及旅行的疲勞，同樣讓我深深着迷。

　　我在機緣巧合之下嘗試了沙發衝浪，因為第一次正面的經驗所以繼續了第二次。它擴闊了我對旅行的定義，亦開拓了我的世界。二十幾次的沙發衝浪經驗中，我遇上了不同背景、不同想法、不同性格的人，遽然要與陌生人一起生活並不容易，但磨合的過程中讓我重新審視自己的人生與生活。窮遊把我的思緒與一切歸零，甚麼社會地位、身份、職業都不再重要了，因為你有機會從頭開始融入一個完全陌生的社會、從頭認識新朋友。幾乎所有沙發主人都如朋友般對待我，態度真誠而且友善，有幾位甚至待我如家人，給我完全的信任。明明我一個人在異鄉，但走到各地都好像被當地人照料着，讓我非常感動。其中幾位陌生人更成為了我的好朋友。一切都是強求不來的緣份。

旅行的意義在於它能不歇止地改變我對生活的看法。當你看過一百種生活，便會發現之前的自己一直被社會的某種價值觀與思想枷鎖所定型。生活在同一個地方十幾二十年了，你會開始拿別人的生活作比較：「為甚麼外國人視gap year如平常事？」、「為甚麼外國人那麼懂得享受人生？」、「為甚麼外國人好像特別多時間享受人生？」、「為甚麼外國人那麼喜歡大自然？那麼討厭冷氣？」、「為甚麼外國人那樣重視藝術和音樂？」最後你會問：「為甚麼我居住的城市不是這樣？」可是，當你問完這些問題，年輕的你還是要回家繼續你的生活。留學不是一輩子的事，工作假期也不是一輩子的事，流浪也終有一天會結束。

出走容易回家難，回家比出發更需要勇氣。第一次出外遠行回家時，對於「旅行與回家」這人生課題自然有所感悟和感觸。有時我會極端地想，如果當初沒有出走，那現在的生活便不會有落差，我便不用重新適應香港的急速節奏，畢業後已經立即在香港乖乖地工作，過着香港年輕人「應該過」的生活。不知道你有沒有試過，去完一趟旅行後，整個人心不在焉，覺得從前的生活已經回不去了？回到家後，你每天都會想起那遙遠國度的美好以及不美好。好的壞的，你都愛，你都捨不得。

踏上旅途的背包客的靈魂將永遠缺了一角，因為那一角將永遠遺留在世界上某一個角落。這樣子說好像美化了旅行，但沒有人能否認旅行使你成長，使你看得更多，從而成為更好的自己。

作者介紹

翁沛橦，畢業於香港中文大學及日本早稻田大學。大學畢業後展開了人生第一趟背包旅行，亦嘗試了第一次沙發衝浪。其後五年間，總共於十多個城市沙發衝浪。這趟旅程顛覆了她對旅行的認知，讓她有機會走進當地人的家，感受地道的文化。其後把每一段平凡卻銘心鏤骨的經歷分享於網上平台。
已出版著作包括：
《Classic貴氣典雅迷人Easy GO!——英國》

目錄

帶上背包開始沙發衝浪　P.18

（Couchsurfing）

體驗沙發衝浪前的準備？

與沙發衝浪的緣份

沙發衝浪客，這個筆名伴隨了我幾年，一般人對於我的筆名不明所以，曾被誤會是否很熱愛衝浪，亦有不少人以為我是台灣人(香港人稱「沙發」為「梳化」)。縱然筆名既難理解又不好念，但我依然用了幾年，原因是不想忘掉旅行的初衷。

背後是有故事的……

大學的畢業旅行，我去了非洲、西歐、北歐幾國。作為窮學生，我為了節省旅費，嘗試了人生第一次的沙發衝浪，即Couchsurfing(簡稱cs)。沙發衝浪是一個網上平台，讓旅人找當地願意接待你的沙發主人。Couch即沙發，而Couchsurfing，直譯即讓旅人寄宿在陌生人的沙發，因為每個人家裏總有一張空出來的沙發，而旅人需要的，就只是一張沙發。由於整個過程不涉及金錢利益，所以有很多人會覺得不可信與不可靠，而且的確有過一些負面的新聞，但也不能否定這世界上有好人這事實。安全性沒人敢100%保證，不過只要小心選擇Host(沙發主人)、增加常識去保護自己，即使是一個女生也可以選擇cs這種旅行方法。

旅程中，我除了住過幾晚青年旅館外，大部分時間都住在當地人的家。總共睡過十多張「沙發」，認識了十幾個不同國籍的好心人，很高興有機會與當地人交流。願意做Host的人大多都是旅行愛好者，或者之前旅行時曾受惠於cs，因此我跟他們的性格都很合得來，體驗他們的生活日常、聽他們的旅遊故事，也是每段旅行中最精彩的亮點。

cs是建立緣份的橋樑……

至今我仍有跟不少Host保持聯絡，例如我這幾年已經重遊丹麥三次，不為別的，就為見見我的Host。直到有一次，當他們邀請我一起過聖誕時，我強烈的感受到，他們真的把我當作家人般看待。cs亦使我與當地人建立緣份，讓我在世界各地多了幾個「家」。

除了經濟考慮，我選擇沙發衝浪是因為可以認識當地人，以最直接的形式作文化交流。到了現在，我仍然與幾位沙發主人保持聯絡，全靠沙發衝浪，我才能夠認識他們！而且願意做Host的人大多喜歡四處遊歷，因此跟他們互動、聽他們說旅遊故事，也是旅行中重要的經歷之一。

> 沒錢沒時限的旅行，可以放任一種不羈，叫做「跟着感覺走」。
> 哪裏有沙發主人可以接待我，我便帶着背包走到那裏。

如何找沙發主人(Host)？

沙發衝浪設有自己的官方網站，但網站本身不提供任何住宿，純粹是一個平台讓旅人交換住宿信息。每個人都可以免費申請做會員，做會員後便可以免費看到不同國家的沙發主人(Host)或沙發客(Surfer)的信息，讓人提供住宿訊息及尋找住宿。

> 沙發衝浪官網：
> www.couchsurfing.com

首先，建立個人頁面

做會員後第一件事是要建立自己的頁面(My Profile)，讓其他用戶認識你是個怎樣的人，亦證明你是真用戶，而非假人用戶。

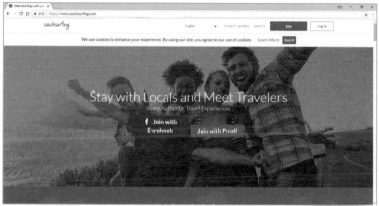

進入沙發衝浪官網。

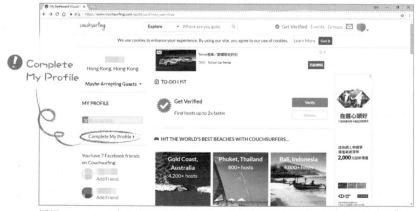

透過Facebook或電郵開啟個人頁面，簡單填妥性別及所在地，選擇左邊"My Profile" 下的 "Complete My Profile" 便可開始建立個人頁面。

上載相片

　　在個人頁面中進入"Complete My Profile"後，再選擇"Upload 2 Profile Photos"，上載Profile photos(自己的照片)及Photos of my home(家裏的照片)。自己的照片是為了讓別人一眼便看到你是個怎樣的人，而家裏的照片是為了讓沙發主人展示給沙發客看他們的家大概是甚麼樣子。

About

　　填寫"Complete My Profile"時，在Profile選擇Add your Interests/ Describe yourself in"About Me" / Complete 4 more Profile sections，都可以進入About。

　　在"About"的位置，你可以簡單或詳細地介紹自己，網站會列出一系列問題(不必全部填寫)，包括性別、年齡、職業、語言、學歷、居住過的地方、到訪過的地方等。例如「為甚麼你會玩沙發衝浪？(Why I'm on Couchsurfing)」、「喜歡甚麼音樂、電影或書？(My Favorite Music, Movies & Books)」、「你可以跟沙發主人分享些甚麼？(What I Can Share With Hosts)」等問題，讓別人深入了解你。

　　另外，頁面上還有個"Hosting Availability"，即問你是否可以接待沙發客，如可，選擇"Maybe Accepting Guests"。

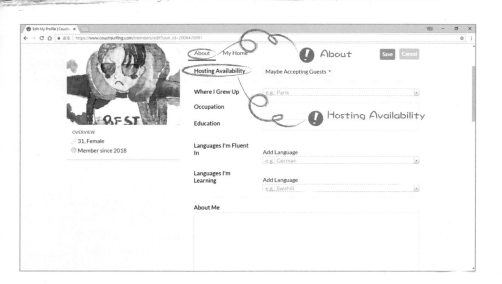

My Home

如果你想成為沙發主人，可以在"My Home"填寫你每次最多可接待多少名沙發客、是否接受急忙的申請、較希望接待男或女沙發客、是否接受小孩與寵物、是否允許沙發客抽煙等等。另外，你亦可以填寫你會讓沙發客睡甚麼地方、是否提供枕頭及被子、交通資訊等。

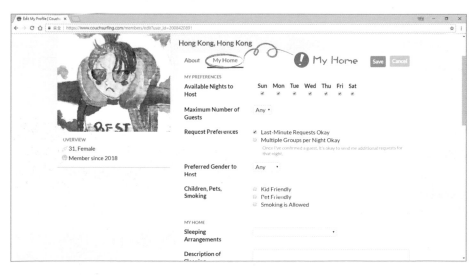

couchsurfing

https://www.couchsurfing.com

References

最重要的部分是References(評價)，分為三種，分別是沙發客、沙發主人及其他人給你的評價。他們可以選擇正面或負面的評價，再附上文字補充。由於這部分只能靠其他用戶填寫，個人用戶不能控制其他用戶寫甚麼，所以評價能較中立地反映你是個怎麼樣的人。

成功建立個人頁面

編寫好的個人頁面。

然後，搜尋沙發主人

Step 1

在"Explore"選擇"Find Hosts"，搜索你要去的國家或城市，在"Where are you go-ing?"一欄填上你將前往的城市名字。

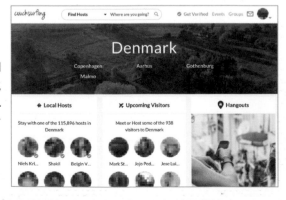

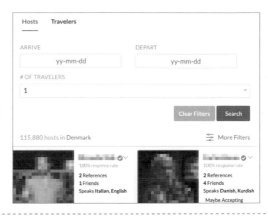

Step 2

選擇你入住與離開的日子以及入住人數,就會出現全部當地沙發主人的資料。

先按"Send Request",填寫你的訊息,
再按"send"發出。

Step 3

選擇沙發主人之後,發出詢問(Send Request),填寫你的訊息,寫下你為甚麼會到訪他的國家、為甚麼想住在他家等等。

Step 4

等待沙發主人回信。

Step 5

如果對方確認有空接待你後,便會把地址、電話等資訊發給你,然後約時間見面。

信息盡量個人化

有些沙發客習慣把同一段訊息發送給數名沙發主人,但由於沙發主人每天收到不少訊息,很多時看到那種像群發郵件的訊息便會自動略過,所以建議填寫訊息時一定要寫清楚上款(例如對方叫Tom,可寫"Dear Tom"),並盡量把訊息個人化,以證明你有認真看該沙發主人的個人簡介,明白他家有甚麼規則要守等等,以示尊重。

選擇沙發主人的注意重點

1.性別

　　我常常自己一個女生去旅行，所以盡可能都會選女性、情侶或一家人當我的沙發主人。不過願意接待沙發客的單身男性相對較多，所以有時也會選擇男性沙發主人，而這個時候便要考量其他因素了。例如如果他住在共租公寓的話，便表示會有其他室友，最好是有女性室友，這樣總比跟男性沙發主人獨處一室好些。

2.自我介紹(About)

　　每個用戶都有自己的個人頁面，而在"About"上面有基本的個人資訊、個人興趣等自我介紹。沙發衝浪不盡是只為了免費住宿，旅行時你也想找到一個跟你志同道合的人，結識有趣的朋友。透過About上面的自我介紹，就可以知道對方是個怎樣的人。不過不是每個人都會用心經營自己的頁面，但這不代表對方不是一個好的Host，所以說到底也很看運氣了。

3.評價(References)

　　正如第2點所提及，每個用戶都有自己的頁面。每當你被接待或接待了人，便可以在對方的頁面上留下References，即評價，給其他用戶作參考。References是公開的，代表招待你的沙發主人都會看到你給他留下甚麼評價。基於禮貌，如果對方不是特別差的話，我都會留一個正面的評價給沙發主人，畢竟他們好心接待了我幾天，所以我建議每個正面References內容都要用心看，從字裏行間看看不同人的着眼點放在甚麼地方。

4.照片(Photos)

　　我有一個執着，就是堅持沙發主人一定要有頭像及照片。當然他們也可以提供假的照片，但如果連照片都沒有的話，我會直接忽略他們。

5.最後上線時間(Last Login)

之前我在北京找沙發主人，發現有很多人開了沙發衝浪的帳號後便沒再使用這個網站，但問題是當你搜尋沙發主人的時候還是會搜到這批人，浪費了你花心思時間去瀏覽他們的個人頁面。所以，倒不如實際點，先看他們最後上線時間，再想要不要發送沙發衝浪request給他們。

6.我的家(My Home)

My Home介紹了沙發主人的家的大概情況，這樣你便知道自己睡的地方大概是怎樣。對我來說，睡床、睡沙發或睡在地上都無所謂，但盡可能的話我都不太想跟沙發主人睡在同一個房間。除了因為尷尬以及欠缺私隱外，畢竟每個人睡覺時間都不一樣，我怕自己會打擾他的作息時間。

7.直覺

上述提到的6點，每　點都很重要，但同時，每項都不是非常非常重要。我曾住進一個沒有評價的沙發主人家，也曾住進只有一張朦朧頭像的沙發主人家，而他們都是很好的沙發主人。說到底，選擇沙發衝浪這回事，還是很看個人直覺。即使他有完整的個人頁面，但如果他某個地方讓你感到不大對勁、不舒服的話，無論他的正評有多少也好，**請三思**，考慮一下其他沙發主人吧。

和朋友開展第一次旅程

由於初次的沙發經驗非常影響你會否繼續沙發衝浪下去，建議如果你想踏出第一步嘗試沙發衝浪的話，可以先跟朋友一起試。當然最好是有沙發衝浪經驗的朋友，這樣你會較安心，而接待你的沙發主人也是(因為你第一次沙發衝浪的話，個人頁面上還未有評價)。最後，還是那句，旅行時安全第一，最重要的是要好好保護自己。

給沙發客的Tips

　　雖然每個沙發主人的情況都不一樣，沒有標準，但有些基本禮貌卻是世界通行的。

01 不要把沙發衝浪只當成是免費住宿

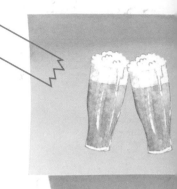

　　住進別人家裏時，先想一下為甚麼對方會免費讓你住在他們的家。他們對你是有所期望的，例如希望能多認識另一種文化、一個旅人等等，所以你可以預留些時間，每天回家跟他們交流，而不是回到家就玩手機、洗澡、睡覺，視別人家為冷冰冰的住宿地方。另外，由於沙發主人居住在住宅區，別期望住宿的位置會很方便，一般與地鐵站、旅遊景點、名勝都有一段距離。

02 尊重和配合沙發主人的作息時間

　　你在旅行，但他們仍在工作。你不一定要配合他們的睡眠時間，但至少不要打擾到他們休息。睡客廳的話別太早睡或太晚起床，畢竟客廳是他們也會使用的公共空間，盡量別給他們的生活增添負擔。

03 別期望沙發主人會擔當導遊的角色，帶你四處遊走

　　他們不可能有時間帶你四處逛，而且那些熱門旅遊景點，他們應該去過很多次了。

04 請自重和注意基本禮貌

　　基本禮貌是世界通行的。在別人家留宿時，不要弄髒任何地方，使用對方任何東西前都要先問清楚他們。不要八卦，也不要亂碰人家的物品……當一個有禮貌的沙發客。記住每天早上都要好好收拾和整理被子。

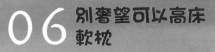

05 為沙發主人準備小禮物

畢竟你在打擾別人的生活，別人並沒義務免費接待你或待你好，我會建議準備一點從自己國家或居住地帶過去的小禮物，可以是一張明信片、一個鎖匙扣，或者煮些地道菜給他們吃等，小小的禮物足夠令他們開心了。

06 別奢望可以高床軟枕

別忘記，這一切都是免費的，你不能期望太多。有時你會睡床鋪、沙發、地毯等等，但求「有瓦遮頭」，在家安睡一晚已經是背包客的最大奢求。

07 作好心理準備接受文化差異

文化不一，家庭規則也不同。住在沙發主人家裏，務必尊重異國文化，盡量別做任何挑戰人家底線的事。

08 最重要一點：學會保護自己

很多人告訴我他們很想體驗沙發衝浪，但又很擔心。我的回應是：「怕就不要試，試便不要怕，想辦法保護自己！」又想試又害怕的話，那可以先找個朋友陪你一起沙發衝浪吧。

充滿變數的沙發衝浪

沙發衝浪與一般旅遊最大的分別，是前者充滿變數。由於沙發主人的行程並不固定，隨時都有所變化，所以他們大多一兩個星期前才決定是否接待沙發客，而你作為沙發客，不能太早開始計劃行程。因此，如果你習慣旅行前必須做好全盤準備的話，那麼沙發衝浪就未必適合你。

另外，你能夠在網上找到某酒店或青年旅舍的評價與設施，但在沙發衝浪的世界裏，你無法準確地預測自己會遇上甚麼人，或沙發主人家裏會有甚麼提供給你。你未必有自己的房間、枕頭、被子、Wi-Fi等等，一切都講運氣。所以你要先做好心理準備，凡事別期望太多，那麼便不會失望。

帶上
背包
開始 沙發衝浪！

01 第一次沙發衝浪：西班牙

與女沙發主人及兒子的合照。

「我們過的並不是富庶的物質生活，而是最簡單自然的生活。
讓自己感到輕鬆，找到自己的節奏比起賺多少錢重要得多。」

從跟團到沙發衝浪

　　小時候旅行，習慣了跟着家人一起參加旅行團，一團有20~30多人，幾天內把一個國家或城市最重要的景點走遍，看每個地方的浮光掠影。既不用安排住宿交通，也不用擔心語言不通，跟着大家走就好。這是跟團的魅力，花點錢省去煩惱，不用費神考慮這個擔心那個。畢竟我們的假期不及大部分外國人那樣多，自然想要把最好玩、最好吃的濃縮於幾天行程內。工作已經那麼累，去旅行時當然要善待自己，吃得好住得好。

　　但於物質享受之上，我們漸漸對旅行有更深層次的渴求，去的地方不再只限於我們最熟悉的國家，而是嘗試探索一些較落後、較不為人知、較冷門的國家，甚至想方法與當地人打交道，例如住airbnb、homestay、沙發衝浪等，透過不同方式，尋找旅行的意義。

　　到了20幾歲，混沌的心突然冒起了一團火，於是大學畢業後，我展開了人生第一次歐遊，也是第一次背包遊、第一次窮遊一個多月。既要省錢，又想多去幾個地方，這是大部分旅人都要面對的現實問題，因此大家各適其適，尋找自己的旅行方法。

　　當時「沙發衝浪」對我來説是個陌生的概念，然而，剛巧有個香港朋友在意大利留學，而她在留學期間已試過在歐洲沙發衝浪，問我們沒有興趣一起去西班牙嘗試沙發衝浪，我便毅然答應。説到底，這是我的第一次沙發衝浪，有個有經驗的人陪伴我的話，即使有任何問題我們也可以一起面對和解決，感覺較安心，而且她也能教我如何選擇Host、如何跟Host相處等。

　　要嘗試新事物，很多人會害怕踏出第一步，而朋友的陪伴或許就是最好的契機走出自己的舒適圈。

下了火車後，我們拿着沙發主人給的地址，在陌生的國度中尋找陌生人的家。既期待快點到達，又擔心是否能跟沙發主人好好相處。

從巴塞隆納機場乘火車到Cubelles。

沙發主人在正門貼上了紙條，提示我們走到後門敲門，非常貼心。

冷門國度上的美景

　　大部分旅人都會選擇在城市落腳，但是在大城市一般較難找到沙發主人。西班牙城市Barcelona亦不例外，我們在網頁上發了十幾個request，都得不到任何正面回覆。但我們沒有放棄，連Barcelona附近的小鎮也不放過，最後終於有位美國人説可以接待我們兩晚！那位美國人與她的家人住在離Barcelona約一小時車程的Cubelles。從Barcelona開出會經過Cubelles的火車並不多，可見這個地方有多「冷門」。Cubelles的確不是熱門旅遊景點，只要在網上搜索Cubelles便會懂了，中文的旅遊資訊幾乎為零。但其實這裏很值得到訪，既少人又擁有一個美麗恬靜的沙灘，之後更發現Cubelles是當地人週末喜歡去的地方！

　　到達Cubelles火車站後，我頓時明白為何當地人會視這裏為度假的好去處。一步出火車，便被赫赫的陽光喚醒疲倦的身軀，再看一下眼前的畫面，發現與Barcelona的氛圍截然不同，如果形容Barcelona為熱鬧以及熱情，那麼Cubelles就是恬靜、醉人及充滿人情味。小小的火車站面對着汪洋大海，海邊站立着充滿熱帶風情的椰樹。街道靜悄悄的，只見數道人影，與無盡的天空形成強烈對比，非常舒服！手機沒有網絡，我和朋友憑着事前下載的地圖，在異國藍天下，穿插在相似的小巷子裏找路。在我們還不確定面前某棟屋子是否沙發主人的屋子時，便看到某扇大門上貼有一張紙條，寫着"Hi Couchsurfers, knock the other door!"，才肯定是這裏沒錯！

屋子內還有一個小型泳池。

我們當晚住的客房，對於背包客
來說非常豪華。

與可愛的兒子合照。

從兩個國籍到一種生活

　　沙發主人是一家三口的家庭，媽媽是美國人，爸爸是加泰羅尼亞人，家庭成員還有一個可愛的兒子。友人說找沙發主人最好就是找一家幾口的家庭，感覺較可靠，接待陌生人也不像有甚麼企圖或惡意(當然這只是主觀的想法)。之後聽沙發主人說，他們當年因為一起走聖地牙哥朝聖之路而結識，曾經是兩個熱愛流浪的人，縱然國籍不一樣、背景不一樣，但他們的價值觀相似，對生活的看法也相近，所以命運最終把他們連在一起。媽媽之後隨丈夫搬到西班牙，定居於Cubelles，是一段因旅行而奏出的浪漫戀曲。正因為他們同樣是喜歡窮遊和背包遊的人，旅行時又曾經受過其他陌生人的恩惠，因此，回家後便想用自己的方法「回饋」其他旅人，為來自不同國家的旅人提供一個住宿地方。

　　雖然沙發衝浪的英文原意是把自己家中的沙發讓給陌生人睡，但或許是因為歐洲人的家都較大吧？我跟朋友在西班牙就睡在一間有獨立洗手間的客房，客房更有兩張床，而床上放着洗好的枕頭套和被單！誰會想到我們兩個背包客的待遇竟然彷如貴賓？

海面反射出陽光閃亮的光。

放下背包後，沙發主人帶我們到
附近的海邊散步。

讓人立即愛上的藍。

　　放下背包後，趁着還有日光，爸爸帶着兒子及我們到海邊走走。歐洲夏天的日照時間較長，即使到了六、七點，天還是亮的。我們只是步行了五分鐘，便到了海邊排滿椰樹的行人路，沿着那條路一邊是餐廳與民居，一邊是一望無際的海洋。世界上雖然有很多地方都擁有美麗的海景，但很少地方能夠像這裏。

　　海邊只有幾個人在釣魚、散步，大家都一副悠然自得的樣子。爸爸沿路至少遇上三、四位鄰里街坊，人情味更覺濃厚。以一種欣賞生活的步調細看平凡中的不平凡，會讓你明白快樂有多簡單，簡單有多快樂。

令我措手不及的悠閒

　　從繁囂的都市一下子來到這樣悠閒的小鎮，落差之大令我有點不適應這種「閒情」與「慵懶」，我不禁跟西班牙爸爸說：「原來生活可以選擇自己的節奏。」然後他說：「我們過的並不是富庶的物質生活，而是最簡單自然的生活。讓自己感到輕鬆，找到自己的節奏比起賺多少錢重要得多。」我聽後不禁微笑，眼前的美景加上這一句話，成為了我往後常常想起的片段，給予我勇氣和信心繼續追隨自己想要的生活。

　　旅行，讓你見識到世界之大。見識過的東西多了，自然不會把自己局限在自己的世界裏，讓你發現原來在意的那些煩惱根本不算甚麼。

為他們烹調港式菜餚

「能夠為沙發主人做些甚麼?」

這是我每次沙發衝浪都必須思考的問題。沙發主人與客人之間的關係建基於信任,不講錢只講心。沙發主人無私的表現讓我這個正在打擾別人生活的外國人更加感到不好意思,所以我每次都會從香港帶些小禮物給他們作為回報,例如我曾經送過筷子、郵票、硬幣、鎖匙扣等,雖然只是些便宜的小東西,但背後的心意才是那份禮物的意義。另外,背包客為了輕裝上路,背包裏的每樣東西都要實際有用,所以帶的禮物以輕便為主。我也會按沙發主人的個性來選擇禮物,而最重要的是我一定會附上一張明信片,寫上感謝的話。

曾經有數位沙發主人問我是否可以為他們煮一道具家鄉風味的菜式,雖然我在東京留學的一年裏掌握了一點點烹飪基礎,但我依然是個下廚新手,不懂就地取材,隨意煮出一道半道中式菜餚。因此,我每次去背包旅行時都會耍些小聰明,帶上幾包中式醬料包,方便地煮出「葡汁時蔬」、「中式豬扒」等。很多時候,在外國煮家鄉菜最煩和最難的地方是買香料、調味料,而一包醬料包便能解決這個問題。只需要在當地買些簡單的食材,回家處理一下就好了。

這次我為西班牙沙發主人準備「葡汁時蔬」,在準備菜式時沙發主人問我們想吃甚麼,我們說:「簡單的就可以了!」說罷,他便開始動手即席炮製薄餅!他拿出一包麵粉出來搓麵糰,等它發酵,將餅皮撐大,然後塗上番茄醬,放上芝士、茄子、粟米、吞拿魚,最後再多放一層芝士,大功告成後移置烤爐烘焙。從麵粉到一個完整的薄餅,整個過程看起來是多麼的得心應手,難怪他覺得製作薄餅是件簡單的事。一小時內製作出一個如此美味的Pizza,對我來說實在不簡單。出爐的薄餅熱騰騰,非常好吃,每一口都讓我們大感滿足。

沙發主人駕輕就熟地炮製Pizza。

東方人喜歡炒菜，而西方人幾乎不炒菜，吃飯就是簡單的烤麵包、沙律、意大利麵等。在歐洲旅行時間越長，我這個亞洲人就越想吃炒飯炒麵這類熱食，可是外國人就是有能耐在冬天也喝冷水、吃沙律、冷冷的三文治，看來不同國家的人對於食物的溫度要求真不一樣。難得來到異國，當然要炒一道菜給他們試試看。我跟朋友在當地超級市場買了蘿蔔、蘑菇、洋葱，炮製出一碟「葡汁時蔬」，幸好他們很喜歡味道溫和的葡汁，吃得津津有味。由於大部分外國人對於太鹹、太油或太辣的菜式的接受能力較低，所以我也避免煮太過「重口味」的菜餚，免得吃剩浪費。終極目標是簡單快捷地煮出好吃的中菜！

從香港帶來醬汁，再於當地買食材，即席為他們煮簡單快捷的葡汁時蔬。這種旅行生活看似有點「平淡」而且「平凡」，但那種節奏正是我所追求的。

我很享受與沙發主人在家一起煮飯、吃飯的感覺，餐桌絕對是促進交流的平台，過程中我們會聊到各自的生活習慣、文化、人生經歷等。除了從他們自身的旅行經歷中受到啟發之外，他們亦很支持我做想做的事、去想去的地方。每當我提到我的畢業背包旅行時，他們都會鼓勵我要趁年輕多闖蕩，看看不同人過着怎樣的生活，繼而思考自己未來該追求甚麼生活。我們很容易在長大的過程中建立固有的思想與行為習慣，長年累月下來越來越缺乏彈性，因此在價值觀尚未完全定型時，旅行是一個很好的方法讓大腦多面向地探索。這些話題，在香港很少有機會跟身邊的朋友或家人討論，但一旦出國，面對一個個不清楚你背景的陌生人，反而少了包袱，能把最卑微的願望，或最宏偉的夢想跟對方暢所欲言。

與沙發主人的相處之道

每個家庭都有自己的家庭文化，正如每個文化都有潛規則需要遵守。有些沙發主人會介意你吃他們家裏的東西，有些卻不會；有些會介意你太八卦侵犯到他們私隱，有些卻毫不介意。因此，第一次沙發衝浪，我對於自己的一舉一動都份外小心，以免踩到對方的「地雷」。其實只要多為人着想，做任何事前先詢問沙發主人，避免擅自做決定就好了。即便是借用風筒、喝杯水，最好先告知一聲，讓對方感到備受尊重。

友善的小店老闆。

小店的全西班牙文手寫菜單。

沙發主人介紹的地道餐廳

　　沙發主人比較忙，沒時間陪我們到處遊覽，但幸好他們還是會在百忙之中推介一些景點、餐廳讓我們自由探索。這些用錢也買不到的當地人意見，我視之如寶。十次有九次，那些地方都會成為我整個旅程中，留下最深刻印象的地方。

　　這趟西班牙之旅，我吃過最好吃的餐廳正正位於沙發主人住的地方Cubelles！要不是沙發主人分享了他的餐廳口袋名單，我想我根本不會打算去這家小店吃飯。話說當時我非常想吃Paella，即西班牙海鮮燉飯，而我又知道Barcelona有很多不太好吃又貴的店，所以便問了沙發主人，請他推薦便宜又不錯的餐廳。最後，他介紹了這家隱藏版的小餐館，原來就在他們家附近！沙發主人更以"The best paella that I have ever tried."來形容該店的西班牙海鮮燉飯，我們怎可以不試一下？沿着海邊一直走，終於發現了餐廳。果然，是一間小店，感覺就是那種只有街坊才會去的地方。剛踏進餐廳，老闆便以燦爛的笑容歡迎我，讓我感受到西班牙人毫不保留的熱情。

　　每次旅行吃飯時，最大的困擾就是看到這種只有當地語言的餐牌，我對它既愛又恨。愛，是因為這代表了這家餐廳只有當地人才會去；恨，是因為我完全看不明白！我本身已不會西班牙文，這還要是手寫菜單，我連單詞都看不懂，還要我去理解他的手寫？沒關係沒關係，詢問一下老闆便可以了。可是，他一點英文都不懂，而我們則一點西班牙文也不懂。雖然我們聽不懂他的語言，幸好他沒有不耐煩，反而熱心地用身體語言解釋菜單上的西班牙文。最後他看我們仍然一頭霧水，便直接走回廚房(我還以為他不耐煩了)，決定拿菜式的原材料出來給我們一一解釋。

他當時拿了洋蔥、蝦、青口等……這就是小鎮的人的可愛之處吧？最後，我仍然搞不清菜單上寫的是甚麼。不過無所謂了，我直接跟他說，我想吃Paella。雖然菜單上好像都沒有這項食物，但他毫不猶豫地說沒問題。人也太好了吧？之後他更一直問我們吃得慣不慣，怕食物不合我們亞洲人的胃口。但美食對我來說是無分國界的，好吃就是好吃！再加上他那樣用心地為我們烹調，食物又怎會不好吃呢？

我們每個人只用了€10.5(約HK\$96)便吃到新鮮的青口、蜆、Paella、Fideuà(以意大利粉代替米飯的Paella)、西班牙經典飲料Horchata、類似布丁的Flan、Honey with cheese，實在太物超所值了！特別喜歡沙發主人推介的Paella以及Fideuà，材料很足、食材新鮮，絕對是用心之作。花了€10.5不只吃到美食，更能感受到當地人的熱情以及人情味。

Paella

手上是新鮮好吃的青口。

Fideuà與Paella味道一樣，但利用了短短的意大利粉代替米飯。

Flan感覺似布丁，但味道較清淡

Honey with cheese，聽上去很奇怪，但吃下去才發現蜜糖與芝士是蠻有趣的搭配。

真希望將來有機會回去這個地方逗留一星期以上。

來到這裏你可以每天對着大海，偶爾在海邊的餐廳坐下來喝喝Sangria；或隨意找間小店吃飯，跟店主聊天，或者回家時買菜煮晚飯，一邊聽着音樂一邊享受着人生。而且這裏的居民都很友善熱情，來過之後你肯定會愛上這裏的人、大海以及美食。

西班牙經典美食

Paella即西班牙燉飯，常被視為西班牙的美食代表。基本材料為米、橄欖油和不可少得的番紅花，再配以海鮮或各種肉類，其中又以海鮮燉飯最為人熟悉。由於加上了高湯煮飯，每顆飯粒都吸收到高湯與海鮮的精華，味道鮮甜，適合香港人口味。

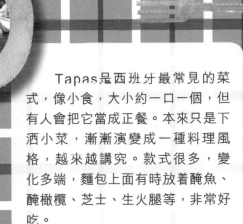

弄成Tapas的西班牙燉飯，模樣可愛。

西班牙火腿Tapas。

鰻魚Tapas。

芝士火腿Tapas。

Tapas是西班牙最常見的菜式，像小食，大小約一口一個，但有人會把它當成正餐。本來只是下洒小菜，漸漸演變成一種料理風格，越來越講究。款式很多，變化多端，麵包上面有時放着醃魚、醃橄欖、芝士、生火腿等，非常好吃。

Churro是西班牙人的經典早餐，把麵糰油炸，有「西班牙油炸鬼」之稱，同樣熱量爆表，但能讓人感到滿足，而更邪惡的吃法是搭配一杯極濃厚的熱朱古力一起蘸着吃！

Churro

極濃厚的熱朱古力。

西班牙精選旅遊景點

La Boqueria Market。

市集中數量最多的是賣水果或果汁的攤販。

西班牙不能少的生火腿、風乾香腸。

市集內的餐廳。

熱鬧市集 La Boqueria Market

　　La Boqueria Market是Barcelona最熱鬧的市集，裏頭有許多賣水果、乾果、橄欖、芝士、熟食、海鮮、肉類等的攤販，非常好逛。另外還有餐廳，幾乎都以吧台形式經營，客人圍着開放式廚房而坐，非常有氣氛。由於這裏是著名觀光景點，觀光客聚集，加上Barcelona小偷不少，一定要隨時保持高度警覺。

Sitges最著名的沙灘。

景色宜人。

波瀾壯闊的海洋。

單是看明信片就能看得出這個小鎮的特徵。

走在藍白色的巷子裏已教人心醉。

海邊小鎮 Sitges

　　Sitges位於Barcelona的西南邊，離Barcelona很近，乘火車約半小時就能到達。這個海邊小鎮是許多當地人的度假首選。另外，這裏亦以富有濃厚同志色彩而聞名，有同志海灘、酒吧等，每到六、七月的時候這裏還會舉行盛大的同志遊行活動。Sitges這個彩虹小鎮予人放鬆做回真正的自己的感覺，開放的態度令這裏的氣氛份外不一樣。

三段緣分：
美麗的人、
美麗的土耳其

02

Zeynep與我。

我與Melina和她兩個女兒。

與Fadime和她老公合照。

Turkey

　　她突然走到一間專賣頭巾的小店，跟店主聊起來，起初我以為她自己想買頭巾……驀地，她招手叫我走過去，然後把一條頭巾放在我頭上叫我試試看，原來她並非買給自己，而是為我挑選去伊朗時用的頭巾……我問她是否應該買條黑色頭巾，好像比較保守以及容易配襯衣物，她便二話不說拿起一條黑色頭巾掏錢付款……

我去過土耳其的伊斯坦堡總共兩次，每次都很幸運地遇上一個又一個的好人。出發前我原本只找到一個沙發主人願意接待我，但故事的發展讓我始料不及。前前後後總共兩星期的旅程中，我一晚都沒住過酒店或Hostel，全住在土耳其人的家，一切皆是緣份。

來到了最近沙發主人家的地鐵站。

 只有三個評價的沙發主人

急忙尋找沙發主人

我與朋友同樣是去旅行不作詳細計劃的旅人。

每次背包旅行，我們只會粗略地計劃行程路線，而實際的行程、住宿、交通，都是抵埗後才臨時決定的。出發往土耳其的前三天，我們才開始找土耳其的沙發主人。雖然時間上很趕急，但有時候反而是臨時的住宿請求才更容易找到接待自己的沙發主人。太早發出請求的話，對方未必能夠確定未來幾星期內會否有其他事情要做。幸運地，我們於出發前一天收到一位沙發主人Fadime發來長長的訊息，她說由於週末她會離開伊斯坦堡，所以只能夠接待我們星期四、五兩晚，最後更詳細地寫下地址、交通方法、電話號碼。字裏行間讓我完完全全感受到陌生人的熱心與體貼，因為她並沒有義務接待我，但她甚至找朋友幫忙接待我們這兩個她完全不認識的陌生人。

不過，有別於之前接待過我的沙發主人，Fadime的網上簡介只有三個評價，而且她在訊息的最後一句還強調"PS: I'm not spaking English."對話中充滿錯字與錯誤的語法，或許溝通起來會誤會連連。縱然如此，畢竟我不是一個人去土耳其，加上我跟朋友直覺覺得她是一位可信的Host，便決定相信她，展開第一次土耳其沙發衝浪之旅。

於伊斯坦堡阿塔圖爾克機場下機後，沒有Wi-Fi蛋的我們按著沙發主人給的指示，乘地鐵前往離她家最近的地鐵站Ataköy站。當地民居的地址並不好找，不像景點般有指示牌，加上路牌上的土耳其文看得我一頭霧水，最後還是要向當地人問路，以及得到坐在大廈門前的鄰居John的幫助，我們才成功進入Fadime所住的大廈，直接走上二樓。

找不到沙發主人

「咚、咚、咚。」清脆的敲門聲在狹窄的樓梯之間環繞迴盪。

「咚、咚、咚。」還是沒有回應。

看來我們摸門釘了。雖然正常來說，沙發主人沒理由會跟我們開這種玩笑，但我們不禁想：「Fadime應該沒給我們錯的地址吧？她應該知道我們今天會來她家吧？她叫我下飛機後直接到她家啊！」當時是下午四時，我們沒網絡沒電話，完全聯繫不了沙發主人，究竟我們應該等下去還是離開？最後我們決定吃點東西後再回來碰運氣。

餓了便隨便在附近買個Dürüm Kebab，試了土耳其人很愛喝的鹹乳酪Ayran，以及到雪糕店吃土耳其雪糕Dondurma。才吃第一餐，就發現土耳其人很愛吃奶味重、味道偏濃的食物。吃完後，我們走到附近小區找個位置坐下來，拿出了從香港帶過來的樂器，吹了幾下便吸引了不少友善的目光，更向我這個陌生人投以充滿愛的笑容。雖然踏足土耳其還不到兩小時，但於那一刻我已經有種愛上這一區的感覺。

Dürüm Kebab及Ayran鹹乳酪。

沙發主人家附近的Kebab店。

等待沙發主人時，在她家附近隨便找個地方坐下來寫遊記。

Fadime家的門口掛了可吸走邪氣的土耳其藍眼睛Evil eye。

我們的房間。

猶如家人般的溫柔照料

六點左右，我們再次回到Fadime的家，而John依舊坐在同一個位置，再次為我們打開了大廈門口。走到一樓時，已經聽到二樓傳來一道溫柔的聲線，輕輕呼喚着我的英文名字。我們快步走到二樓，便看到Fadime在門口等候我們。她先給了我一個溫暖的擁抱，問我們累不累、餓不餓等，感覺就像媽媽在照顧小孩子般，之後發現她是護士，更加明白為何她如此體貼細心。

這次我們也不用睡沙發，而是睡在一間放有不少雜物的客房。進入房間後看到她為我們準備的毛巾、床鋪與被單時，不禁感到非常幸福！想不到千里迢迢來到一個陌生地方，竟然有一種回家被照顧的感覺。

之前說過，我與Fadime在網絡上的對話盡是奇怪的英文，而現實中跟她對話時，她還需要手持字典，不過其實她的英語程度不算太差，至少懂得說簡單的英文單詞。我很慶幸語言的差異並沒有造成我們之間的溝通阻礙，另一方面，我很感激她沒有因為自己英文不好而放棄當沙發主人。

選擇「父母」作為沙發主人

接下來的幾天，由於Fadime需要工作，沒有時間帶我們遊走伊斯坦堡，但她還是很熱心地給予我們行程上的建議、教我們如何坐車等。

Fadime是土耳其媽媽，已經為人母親，沙發衝浪時選擇「父母」作為沙發主人的好處是，他們會習慣性地照顧人，而且很多時候都會在家煮飯，也不介意邀請你一起用餐。Fadime每天早晚都會為了我們多準備些食物，讓我們大飽口福。土耳其的住家飯非常合我們胃口，晚餐有米飯、雞肉、荷蘭豆等，餐桌上更會準備乳酪；早餐則有麵包，配以牛油、果醬、雞蛋、番茄、橄欖、芝士、紅椒等，非常豐富！

「為甚麼你會願意相信一個陌生人？甚至住進他們的家？不怕危險嗎？住酒店舒舒服服不好嗎？」家人與朋友常常會問我這些問題。但我反而會想，為甚麼當地人會願意相信兩個陌生人，更讓他們住在自己家？人生有很多事都是一場「冒險」，每一個抉擇也是一場「冒險」，也有所謂的危險性，沒有人能跟你擔保甚麼是百分之百安全。自己衡量過，再做認為是對的抉擇便好。

從Fadime家望出去的街景。

窗外街景。

寬闊的客廳鋪上了土耳其地毯，充滿中東風情。

Fadime為我們準備的早餐。

雞蛋煮菠菜。

加上極多乳酪醬的沙律。

咖啡壺

雙層茶壺

Fadime家中的雙層茶壺和咖啡壺。

我們每天都在廚房旁的桌子上用餐。

與Fadime和她老公合照。

Fadime向我們介紹伊斯坦堡的景點。

臨行時Fadime送了這個
Evil eye給我。

人情味濃的小店

　　Fadime住的那一區飲食小店林立，而最後我被這玻璃窗後的男士和食物吸引。以香港人的說法，這餐廳提供的是碟頭飯，餸菜自己選。雖然看上去好像提供多款食物，但實際上那些餸菜的味道都差不多，沒讓我留下甚麼深刻印象。唯一令我記憶猶新的是這間店的員工，當時排隊的人非常多，但他們仍然耐心地跟我們解釋如何點餐，還介紹食物的種類。食物的味道，我已經忘了，反而是那種小店的人情味在我腦海中久久盤繞，不能輕易遺忘。

被玻璃窗後笑容滿面的男士和食物吸引。

臨別時我送了一張「揮春」送給土耳其爸爸。

土耳其爸爸帶我們到小巴站前往Melina的家。

由緣份帶來的緣份

超級體貼的沙發主人

旅行時，會讓人特別重視緣份。

緣份是人與人之間無形的連結，建基於無數個巧合。碰巧Fadime週末未能接待我，碰巧我需要繼續在伊斯坦堡找住宿，碰巧Fadime有位護士朋友願意接待我，我才有機會與Melina以及她的家人相遇。 Fadime真的很好人，她沒有義務解決我們的住宿問題，但她原來早就聯絡了Melina，為我們安排了住宿。這麼體貼的沙發主人，我還真的第一次遇到，怎麼可以對我們這兩個陌生人那麼好？與Fadime道別的那天早上，她留下了Melina的聯絡電話及交通方法。

當天，土耳其爸爸(即Fadime的老公)仍要上班，但他為了我們特地提早起來，非常貼心。一起吃過早餐後，他送我們到附近的車站，陪我們坐巴士，然後帶我們到小巴站轉車到Melina的家。別人對自己的好，很容易會習以為常，習慣了就不懂珍惜，常認為這些好都是必然的，但要記住沒有東西是必然的，別忘了跟他們直接表達心裏的謝意。

第二個接待我們的土耳其家庭是一家三口，媽媽和她兩個女兒。見面第一天，這家人就讓我感受到她們的熱情。媽媽叫Melina，是留着一頭俐落短髮的超級型媽，姐姐是全家唯一能説英文的，而妹妹是最活躍、最主動跟我們互動的一個。剛踏進門口，馬上聞到廚房傳來陣陣香氣，原來他們在準備早餐給我們吃！問題是當天早上我們才剛吃過一頓豐富的早餐，下午還約了另一個朋友一起吃午飯，但我們不忍心拒絕他們的善意，於是拼命吃了當天第二份早餐。誰會想到原來窮遊的生活可以幸福飽滿至此？

　　土耳其式的家庭早餐非常豐富，有很多新鮮蔬果及乳製品，當然也少不了一杯熱紅茶。當桌上的紅茶放涼了，她們會二話不説把紅茶倒掉，替我更換一杯新的熱紅茶。我跟她們説，我在香港難得與家人在家吃如此豐盛的早餐，她們相當驚訝，説這只是很日常和普通的生活，為我們準備的也是最基本的早餐。連早餐及紅茶都如此認真對待，難怪很多人會説，食物是土耳其文化中很重要的一部分。

　　這次沙發衝浪，我終於真的睡在沙發上了。總結以往我在不同國家的沙發衝浪經驗，有70%睡床，20%睡沙發，10%睡放在地上的床鋪，可見絕大部分時間都睡在舒適的床墊上，所以我常說沙發衝浪是豪華的窮遊。我一直沒有追求甚麼高床軟枕，只希望有個不太惡劣的環境讓我躺下來休息已很不錯，所以當Melina跟我説：「委屈你了，今晚要你睡大廳的沙發。」我立即回答説：「真的不委屈！我麻煩你們才是，讓你們家裏突然多了兩位陌生人真的不好意思！」

第一次見面，Melina就悉心準備了早餐給我們吃。

我們睡在客廳的沙發。

土耳其的「夜生活」

與Melina一家人相處的生活，擴闊了我對土耳其的認知，帶給我不少文化衝擊。

我們每天出門前都會告訴Melina當晚大約幾點回家，好讓她們有心理準備我們何時歸家。某天晚上我們大約九點歸家，回家後Melina問：「晚一點要一起出去走走嗎？」難得有當地人陪自己夜遊，當然好。只是住宅區附近有甚麼好逛呢？原來所謂的夜遊，是平民化的夜遊，我跟着Melina和她兩個女兒走了五分鐘，便到了目的地。我當時很驚訝，因為眼前的景象有種說不出的熟悉感，周遭的建築與行人路很像香港某些屋邨。當時已是晚上十二時，但這個屋邨仍然非常熱鬧，有很多賣小東西的地攤、小食攤、街邊小店、cafe、書店等。Melina陪妹妹興高采烈地在地攤買書包、看書，在香港，我還真的沒試過於凌晨時份做這些事，這種夜生活太嶄新了吧？

與當地人一起探索有個好處，就是每當有當地人跟我搭訕，Melina與姐姐都會用土耳其文介紹我們，雖然我呆呆地站在一旁完全聽不明白，但親切的當地人都會跟我問好，說歡迎來到土耳其，然後對我微笑。Melina沿路跟我們介紹土耳其特有的美食、商品、文化，讓我見識了很多。在這個平凡的晚上，我真的很快樂。要探索一個城市，就要跟當地人一起感受日常生活，做一些他們平常會做的事。

逛到大約十二時半，他們突然說要去吃甜品！我當時想，這般地道的地方會有營業到十二時多的甜品店嗎？我沒有很愛吃甜點，也沒有吃宵夜的習慣，但他們誠意邀請我去吃，我自然附和說好。他們專程來到一家吃傳統土耳其甜點的小店，務必要我們品嘗Künefe這甜點。

這道有名的甜點流傳於地中海東部和中東地區，簡單來說，Künefe就是以芝士為主要材料做成的溫熱甜點。上下兩層是烤得酥脆的餅皮，中間是醇厚的芝士、碎果仁等。先把芝士麵團放在鐵盤上烤製，然後澆上糖漿及撒上開心果粉。味道甜香濃厚，凌晨時分吃份外有罪惡感，但去旅行很多經歷都可一不可再，所以無論Künefe多邪惡也要試！雖然Künefe的糖漿及餅皮甜到心坎裏，但幸好帶些芝士的鹹味，才不會太膩。

那晚的夜遊經歷深深印在我腦海裏，沒有當地人帶我來的話，我肯定一輩子也不會來到這種地方，而這種體驗，是我最愛的旅行經歷。別人複製不了，每一個故事情節都獨一無二。一切看似很平凡，偏偏也最不平凡。

明明已經晚上十二點，住宅區附近竟然莫名其妙的熱鬧。　　連賣香料的店也營業至凌晨。

Künefe甜點店。　　製作Künefe的材料。每塊Künefe都放入很多
芝士，再澆上許多糖漿及開心果粉。

Künefe中間放入了許多糖漿。

揮着土耳其國旗的妹妹。
這畫面讓我念念不忘。

揮動土耳其國旗的妹妹

在Melina家住了兩晚後，我便要繼續旅程，前往下一站：伊朗。這也意味着我跟這家人的故事快暫告一段落。雖然有點傷感，但每段經歷都總有完結的一天。既然不能留住所有，不如好好珍惜最後的相處時光。

土耳其人重視傳統和家庭，關係親密融洽，充滿愛。這三個家庭成員，我都很喜歡。即使她們不太會説英文，但這幾天她們都很用心地查字典，把想説的話翻譯成英文，跟我們交流及聊天。即使我是個外人，但踏進這個家後，她們便視我如家人朋友，讓我有一份子的感覺。雖然我們沒甚麼機會一起遊伊斯坦堡，但在家的時候我們都會一起吃飯、一起看電視、一起畫畫、互相學習土耳其文及英文。

臨別當天，我送了兩張從香港帶來的明信片給她們，物輕情意重。一張印有熊貓圖案，一張則寫着「一帆風順」。她們都很喜歡我準備的禮物，特別是那幾個繁體中文字。誰想到她們也準備了禮物給我？妹妹靦腆地把禮物拿出來，原來是一對手織的襪子。我珍而重之地把這份充滿愛的禮物帶回了香港，紀念我在土耳其受過的恩惠。媽媽、姐姐、妹妹真心當我們朋友看待，跟我們交流對話、好好相處，更關心及照顧我們。

交換過禮物和聯絡方式後，我們背上背包，繼續展開旅程，殊不知更感動的事在後頭。離開Melina家後，遠方傳來一道聲音，我抬起頭，才發現原來是妹妹從窗口探出頭來，一直呼喊我們的名字及揮動國旗跟我們道別。小朋友最真摯的情感毫無保留地流露於她臉上。那一刻我很感動，笑着跟她揮手説再見，但轉個街角後，不捨的感覺突然湧上心頭。雖然依依不捨，但旅途還是要繼續。或許把他們忘記是一個解決方法，但我選擇把他們惦念在心上。離別，是旅人必修的學問。它令我感情更豐富，令我更多愁善感，令我更珍惜與陌生人的關係，令我在世界各地遺下美好。

　　旅行故事層層疊疊，相似但不相同的回憶周而復始。旅行彷彿帶我走進一個沒有出口的迷宮，不管我在中間如何徘徊，始終也無法走到出口，最後更開始享受迷宮裏的碰碰撞撞。因為這些回憶及過去，才有現在，才能成就未來的自己。

　　回憶和背包一樣，不是為了走得比較輕鬆而選擇甚麼都不帶，反而應該精挑細選，帶上重要、值得你為它騰出空間的東西，才能推動自己繼續走下去。旅途中與陌生人的邂逅，終有一天會完結，要跟他們道別。雙方互相雖然不會帶走一片雲彩，但我們共用擁有的回憶卻是一輩子的，這些回憶給予我繼續走下去的勇氣。

學習土耳其文。

可愛的妹妹為我畫的畫。♡

她們認真地教我們寫土耳其文。

043

媽媽用心地為我們準備午餐。

妹妹為我沖土耳其咖啡。

又是一頓超豐富的午餐。

又再看到那個雙層的茶壺。

餐桌上少不了紅茶。

荷葉包飯。

與Melina和她兩個女兒的合照。

他們把我送的明信片放在客廳的當眼位置。

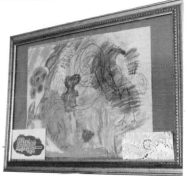

土耳其人也看多啦A夢。

麵包夾西瓜和芝士？！

　　姐姐有一天問我要不要吃西瓜。然後她走到廚房，除了西瓜，還拿了芝士及一堆麵包。初時我不以為意，以為她只是想要吃西瓜和芝士配麵包而已。怎料，當她示範如何吃西瓜時，我當場震驚！原來她們吃西瓜的習慣是把西瓜及芝士夾在麵包裏。聽上去這個組合的確奇怪，但西瓜的甜與芝士的鹹香意外搭配。

旅遊令我大開眼界。

當時我在臉書上載了這張在多哈機場的照片。

Story III 從東京延續到土耳其的緣份

與陌生的土耳其朋友相聚

這次土耳其之旅，我在其他沙發主人家衝浪時，還跟一個土耳其朋友見面。雖然不是沙發衝浪，但那種與陌生人見面的緊張感跟沙發衝浪無異，她叫Zeynep，是我兩年前在日本留學時認識的土耳其朋友。與其説是朋友，不如説我們是碰過一次面的陌生人。我在某個聚會上認識她，跟她雖然聊得來，但之後始終沒有再次見面的機會，便沒再聯繫，只維持臉書朋友的關係。所以我出發往土耳其時也不好意思當不速之客，打擾人家。那麼最後，我們是如何遇上的呢？

感謝社交網絡，我們才有機會再次相遇。

為了節省旅費，從香港前往土耳其，我乘搭了需要在多哈轉機的航班。到達多哈機場後，我在臉書上打卡並上載了一張在機場的照片，寫着「即將出發去土耳其！Next stop: Turkey」過了不久便收到了一封私訊，內容是"Hey there! :) You remember me? Are you coming to Turkey?" 我花了幾秒，才想起寄件人是誰。原來就是那個只見過一次面的土耳其朋友傳過來的。全因為我心血來潮在臉書打卡、Zeynep主動聯繫我、兩年前我們在東京參與了一個留學生活動，我們才被命運再次牽在一起。

愛上背包旅行之前，我是一個怕生的人。不懂與人打開話匣子、怕尷尬、怕自己的英文不夠好。一旦展開了第一次一人旅，在世界各地結識到能交心的好朋友後，我漸漸領略到結識異國陌生人的樂趣。有一種友誼，是跨越國界的。因此，我毫不猶疑應約，亦份外感激她主動聯繫我這個從香港來的陌生人。不要小看每天與每一個陌生人認識的機會，因為一次邂逅可以帶來影響你一生的朋友，還有意想不到的經歷以及對人生大大小小的影響。

　　當天跟Zeynep見面，比起期待我更為緊張，因為當時我沒有買電話卡，也沒有網絡，只能靠離線前的溝通作為最後的依據。我沿着她提供的指示到了一個車站，但過了約定時間十多分鐘，她仍未出現。雖然一般而言，赴約遲到十多分鐘正常不過，但人們在沒有網路的日子便會對承諾見面的時間較為敏感。我一直在車站附近找免費公共Wi-Fi，可惜沒有一個是能用的。幸好，Zeynep終於在土耳其人潮中出現了。

　　雖然我們已有一年多沒見，但我仍然認得她那副眼鏡以及那紫色的頭巾。迎面而來的她微笑着，衷心歡迎我來到她的城市。平均來說土耳其人的英文尚算不錯，而這位修讀語言學的朋友除了能講一口流利的英語之外，更能說基本日語、一點點國語，還能區分廣東話與國語的不同。

　　她曾經說過：「我很喜歡繁體字，因為繁體字保留了文字的美感以及背後的文化。我也喜歡香港電影，尤其愛看王家衛的電影。對了，英文In the Mood for Love真不是一個好的翻譯，還是《花樣年華》電影原來的中文名比較有味道！」聽罷，你便明白她是認真對待文字的。細問之下，發現她在土耳其修讀碩士課程，主修語言學，研究古舊土耳其語以及中國的敦煌文化。她當天給了我看她正在閱讀的書，裏面的中國古文非常艱澀，相信一般香港人也沒法完全看得懂。她強調，繁體字雖然難學，但她仍然會選擇學繁體字。她還希望有朝一日能夠去台灣學中文或國語。

第一天見面。

我們約在這個繁忙的車站相見。

雖然我身邊學過中文或國語的外國朋友不少，但碰巧大部分都是學簡體中文的。不是說學簡體字不好，只不過我難得遇上一個喜歡繁體字的朋友，感覺特別開心。或許主修語言學或文化的人，對於文字也有一份執着吧？甚至我回香港後，無論是寄過來的明信片，或是寫給我的生日祝福，她都會寫上幾個繁體中文字。

她就像一個失散多年的好朋友，我們一碰面就無所不談。我多麼後悔之前在日本沒有珍惜跟她相聚的時光，但幸好現在有機會重逢，才能延續這一段異國緣份。

頭巾的故事

當地人未必能理解遊客想去甚麼地方，但我不是典型的遊客，因此我預先跟Zeynep說隨便逛逛，帶我去她常去的地方就好了，不必有壓力。於是她當天先帶了我去一間她常去祈禱的清真寺Ortaköy Mosque。它位於海峽岸邊，寺內有寬大的落地玻璃，自然光線可穿透玻璃射進寺內，美得過份。在寺內可看到外面的海景，感覺平靜舒服。

我們的合照。

第一站來到靠海的Ortaköy Mosque。

　　由於幾天後我會出發去伊朗，而伊朗政府規定女性在公眾場合必須戴頭巾，所以我向Zeynep請教如何戴頭巾、夏天該買甚麼質地較好等的問題。Zeynep分享心得後，我們繼續走走逛逛，頭巾這話題早就拋諸腦後。怎料，貼心的她卻把我的說話記於心中。她突然走到一間專賣頭巾的小店，跟店主聊起來，起初我以為她自己想買頭巾，所以我也不以為意，繼續四處逛。驀地，她招手叫我走過去，然後把一條頭巾放在我頭上叫我試試看，原來她並非買給自己，而是為我挑選去伊朗時用的頭巾。

　　只不過是一個小小的舉動，卻帶來無限溫暖。

　　我問她是否應該買條黑色頭巾，好像比較保守以及容易配襯衣物，只是一條簡單問題，她便二話不說拿起一條黑色頭巾掏錢付款。整個過程發生於倏忽之間，那時我仍然像個傻子般戴着頭巾，一時反應不過來，只好不停跟她說謝謝。搶着付錢的戲碼並沒有上演，因為那情況下這樣做的話好像有點難看，所以我之後請了她喝杯土耳其咖啡，以示感謝。

　　人與人之間的情感，能透過物件來承載。這條黑色頭巾因為背後的故事而變得有意義，每當我看到它，都會回想起那年那日，發生在土耳其的一段窩心回憶。

我送了她充滿中國色彩的小禮物。

Zeynep知道我們下一站是伊朗後，便帶我們買合適的頭巾。

Zeynep送我頭巾，我便請她喝土耳其咖啡。我喝完人生第一杯土耳其咖啡後，Zeynep跟我說：「我們利用這些咖啡殘渣占卜吧！」原來杯子裏剩下的咖啡渣有這個用處。聽說大部分土耳其人都對咖啡占卜略有研究，Zeynep表示她曾看過占卜書，能夠根據咖啡渣的形狀來占卜。占卜步驟如下：

1. 將碟子蓋在咖啡杯上。
2. 搖一搖杯子和盤子，心裏想着要占卜的問題。
3. 把杯子反轉，靜置15分鐘讓它冷卻。
4. 翻開杯子，開始進行占卜。

杯子非常精緻。　　　　進行咖啡占卜。

離別前夕

從土耳其出發往伊朗的前一天，Zeynep發短訊給我：「如果你們有空的話，出發前我們再見面吧！雖然我要上班，但我會盡量抽時間找你們。真希望在你們離開前能夠再次見面。畢竟你們回香港以後，我們應該很難碰面了吧。」

之後一天，她特地前來找我們，帶我們去了一間她非常喜歡的土耳其餐廳。餐廳內裝修華麗，食物非常好吃。Zeynep知道我有在社交媒體寫遊記的習慣，便主動為我詳細地寫下當天去過的景點以及吃過的食物的土耳其文，方便我記錄下來，回家後向中文的讀者分享土耳其的事及文化。她雖然看不懂中文，但她一直嘗試利用google translate翻譯，試着了解我的文字，讓我感動不已。

Zeynep為我們點土耳其特色菜。

她為我寫下當天我們吃了些甚麼、價錢是多少，非常詳細。

吃飯後我們還想繼續聊天，便再去cafe喝杯紅茶。

事隔一年

　　人愈大，無論自己或身邊的朋友，都變得愈來愈忙。是甚麼時候開始，我們跟朋友或家人見面都變得難能可貴？同住一個城市的人不易約，反而更用心維繫「遠距離友誼」，因為你知道與他們見面不容易，自然會珍惜每一次能夠相遇的機會。

　　第一次在土耳其跟Zeynep碰面後，我以為好一陣子都不會再見到這位朋友了。殊不知翌年暑假我有機會再次到訪土耳其，而Zeynep更誠意邀請我入住她家(之前只是見面吃飯逛逛街)。她的住所位於土耳其的住宅區，離市中心有一段距離，需要乘搭鐵路與巴士才能到達市中心。

　　不過我不介意她家的地理位置有多偏僻，因為我的目的只是想跟她敍舊和體驗當地人的生活。她與父母及妹妹一起住，住所有兩層，乾淨整潔，而我睡在客廳的沙發上。異國環境我都能立即適應，唯一讓我不習慣的是看到在家不用戴頭巾的Zeynep，感覺好奇妙，好像進一步跟這個土耳其朋友確立了信任與友誼。

客廳非常寬闊，有三張沙發。

第一晚到達她家，她們已經準備了豐富的晚餐。

日落時份她帶我到海旁。

為了讓我有賓至如歸的感覺，Zeynep和她媽媽每天都為我悉心準備每一餐。即使Zeynep需要在大學做研究工作，但她還是請假陪我玩了三天，每天帶我去伊斯坦堡不同的地方吃吃喝喝看看走走，讓我親身體驗土耳其人的生活。路上的吃喝消費，我都要跟她搶着付錢，她說她爸爸命令她一定要好好款待客人，害我每分每秒都感到不好意思，要他們花金錢又費心機，我卻不能馬上回報甚麼。我欠他們的人情，希望終有一天在香港或者日本償還吧。

　　這是我第二次去伊斯坦堡，對於熱門的旅遊景點已沒太大興趣，所以我便直接跟Zeynep說：「這次不用特別帶我去旅遊景點，我只是想跟你們一起生活，過你們每天過的日子，隨興逛逛就可以。」雖然我跟Zeynep說不用花心思安排行程，但我還是看得出她悉心挑選了一些她覺得我會喜歡的地方，我只需要跟着她走就好了。這幾天，最刻骨銘心的景點有兩個，一是隱世cafe，二是一個能拍到伊斯坦堡全景的隱世天台。這兩個地方，Zeynep帶路時其實迷路了好一會兒，才找對了那條偏僻小巷。幸好有她，要不然我應該一輩子也不會探索到這兩個地方，而且肯定也會在亂哄哄的大街小巷中迷路。

　　除了在伊斯坦堡市內觀光，這幾天我最喜歡的就是在家和Zeynep媽媽一起看電視、喝紅茶、幫忙製作土耳其菜。我份外享受旅行時這種放縱與散漫，人要在最放鬆的時候才能理清思緒，把困住自己的複雜想法放下。從小事物開始，重拾對生活的熱情與動力。我衷心感謝他們讓我融入她們的家庭和生活，要把自己在家中不緊不慢的一面展示給親人以外的人看並不容易，但她們毫不保留地把自己的生活與我分享。

　　人的一生會經歷無數次相逢。有些人，是你過目即忘的華麗風景，無論多華麗也會無心觀賞；有些人，即便是平淡無奇的一幀風景，卻能在你心裏生根發芽。一人旅帶給我最大的收穫，是不期而遇帶來的朋友。這一段土耳其之旅，以Zeynep和媽媽送我機寫下完美的句號，回家後又將展開另一段人生旅程。

在Zeynep家的日常

這個土耳其菜式叫Turkish Stuffed Grape Leaves (Dolmas)，葉子裏面包了用番茄醬炒香了的飯，可以連葉子一起吃，很清爽很好吃。

我戴著的那條頭巾是土耳其媽媽說一定要讓我戴上的，坐在一旁的Zeynep看到這畫面非常開心。

Pide餐廳

臨別最後一餐，Zeynep帶了我去吃一間有名的Pide餐廳。

走進隱密的後巷，突然間空氣裏充滿水煙味，向上望是滿滿的土耳其燈，而每個人桌上都放了一杯茶或咖啡，好像進入了另一個時空，這就是土耳其式的文青cafe吧？

海邊cafe

Zeynep帶我來到了這間位於海邊的咖啡店。

如此醉人的海岸線。

隱世天台

近景遠景飽覽無遺。

天台的景觀。

在如此繁忙的小巷很難
找路。

隱蔽的大廈竟然有一條路通往天台。

土耳其經典美食

不論你愛吃肉還是素，土耳其都能提供多元化的食物，鹹的甜的樣樣豐富，美食款式花多眼亂，我個人非常喜歡吃。

雙層茶壺。

土耳其紅茶。

住在外國人家裏時會留意到一些與我們生活細節不同的地方，例如我發現土耳其人無茶不歡，煮紅茶非常講究，他們家裏總有個雙層茶壺。上層較小，有蓋，用來放茶葉；下層較大，沒有蓋，用來燒水。兩壺結合成一壺後，可以放在明火或電磁爐上使用。待下壺的水燒開後，把熱水注入上壺，開始浸泡茶葉，泡約十多分鐘，就能炮製出非常濃郁的土耳其紅茶。喝上層的茶時，可以加入下層煮好的熱水調整茶的濃度。

Pilav Üstü

把肉一片一片切下來。

Dürüm

Kebab是土耳其烤肉的總稱。如果你去餐廳點Kebab，當地人會問清楚你到底想要哪一種Kebab，因為吃法有很多。最常見的是在街上看到的旋轉烤肉(Döner Kebab)，把肉放在豎起來的爐子並旋轉，再一片一片削下來。把削下來的肉放在不同麵食上，會有不同名稱，例如放在薄餅內稱為Dürüm，夾在麵包內的是Ekmek Arası，配米飯的就是Pilav Üstü。除了旋轉烤肉Döner Kebab，還有一串串的Şiş Kebab、把肉打碎後做成餡再加工的Köfte Kebab等，可見土耳其人對烤肉有多講究。

令我着迷的，不是那些香氣四溢的肉，而是那些默默工作的人。我知道沒有工作是不艱辛的，而這份工作苦就苦在整天要對着旋轉的肉，不停切不停切，而且看看他們泛紅的臉頰就猜想到這個旋轉烤肉有多熱。

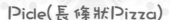

Pide(長條狀Pizza)

土耳其眾多美食中，我最喜歡的是Pide，它類似土耳其版的Pizza。第一次吃的時候，簡直開拓了我對土耳其食物的認知。第一塊吃到的Pide，是在Fadime家附近的小店吃的。旅行時吃到美食重要，但如果是小店美食就更棒，因為可以一併感受到當地的人情味。就算以後有人把那味道完完全全複製到自己的城市，卻怎樣都複製不了異國小巷裏那簡陋卻洋溢着土耳其風情的小店氣氛，那種感覺無可取代。

餐廳附近是住宅區，沒有旅遊景點，自然沒有遊客，只有滿街的小店、超級市場、街邊檔等，毫無疑問是我最喜歡的「旅行景點」。有天我跟友人隨便在街上逛逛，不久就被某個櫥窗裏的食物吸引，便決定走進這家餐廳。原來這家店賣的是類似Bakery的東西，自家製作麵團，然後現場烤製土耳其Pizza，他們稱作Pide。Pide是長條狀的Pizza，在麵皮上可放各種配料。Menu全是土耳其文，我們完全不明白，嘗試用英文跟店員溝通，卻換他們不明白。最後，我們運用了偉大的身體語言，成功點了一份半芝士半肉醬的Pide。

吃過真正的Pide後，我的心完完全全被它俘虜，實在太好吃太好吃太好吃！而且這家還是現烤的，實在不得了！店員見我不停拍照，便不時向鏡頭微笑。有名店員則突然送我們一盤沙律，原因是甚麼我們搞不清，大概純粹是土耳其人對旅客太好了吧？彷彿走到哪裏都被土耳其人照顧着，非常感動。最喜歡這種可遇不可求的小店，還有可遇不可求的陌生人。

店內兩名職員都非常友善。

麵團。

Pide焗烤前的模樣。

芝士Pide。

土耳其雪糕(Dondurma)

　　Dondurma即土耳其雪糕，最大賣點不在於味道，而是攤販老闆會在製作雪糕時，與客人進行互動。老闆一般充滿喜感，逗顧客讓他們拿不到雪糕。由於土耳其雪糕很有黏性，怎麼玩都不會掉。一直以為土耳其雪糕純粹好玩不好吃，但原來比我想像中好吃得多，口感綿密、順滑、有黏性和嚼勁、味道濃厚。

職員落力地討客人笑。

持一根長長的金屬棒舀起雪糕。

朱古力味的土耳其雪糕。

果仁蜜餅(Baklava)

　　來到土耳其，你會發現土耳其人是嗜甜的民族，滿街都是果仁蜜餅Baklava和土耳其軟糖Lokum，這些都是土耳其具代表性的傳統甜點。來土耳其之前我便嘗過土耳其軟糖，但新鮮製成的果仁蜜餅則是第一次吃。果仁蜜餅以多層酥皮製成，每層酥皮之間夾有堅果餡料和糖漿，非常甜而且油膩。果仁蜜餅隨處可見，雖然用料大同小異，但款式琳瑯滿目，有不同的形狀、大小，當中最有名的是配上開心果餡料的果仁蜜餅。

　　旅程中我其實只吃了一塊果仁蜜餅，而那一塊更是土耳其朋友特地帶我走了40分鐘路才吃到的，據說是一間在當地非常有名的店家，叫做KARAKÖY GÜLLÜOĞLU。那塊果仁蜜餅果然名不虛傳，非常好吃！雖然與想像中一樣太甜及油膩，但幸好果仁中和了甜度，而且我很喜歡那種奶酥香味，層與層之間的開心果餡尤其細緻香濃，配上一杯土耳其紅茶剛剛好。

Baklava

土耳其國旗造型的Baklava。

Kuru Baklava。

KARAKÖY GÜLLÜOĞLU

🏠 地址：Rıhtım Cad. Katlı Otopark
　　　 Altı No: 3-4, 34425
　　　 Karaköy İstanbul

🕐 時間：07:00~00:00
　　　 (週日08:00開始營業)

📞 電話：0212 2494213

🌐 網址：www.baklavasiparisi.com

土耳其咖啡(Turk Kahvesi)

土耳其咖啡，大概是土耳其的第二國民飲料。基本上到處都能喝到，例如街邊小店、賣糖果的店鋪等。去土耳其之前我未曾喝過土耳其咖啡，但它給我的印象是不好喝、苦澀而且莫名其妙地有咖啡渣。殊不知整段旅程中，我總共喝了六杯土耳其咖啡，過程中還改變了我對土耳其咖啡的印象。

土耳其咖啡的特色是將烘培過的咖啡豆磨成粉，不過濾咖啡粉的情況下，直接和熱水攪拌飲用，因此喝到最後會嘗到咖啡渣。喝下人生第一口土耳其咖啡時，覺得它比一般咖啡酸和濃厚，是一種我從未接觸過的咖啡味道。接着第二口，覺得味道越來越怪，因為我喝到了傳說中的咖啡渣。我自問是個咖啡狂，去到不同國家都會喝當地的咖啡，而土耳其咖啡應該是我旅遊經歷中喝過最特別的咖啡。到了旅途最後一天，竟然不知不覺愛上了土耳其咖啡，更買了一個黃銅色的土耳其壺回家。或許，我愛上的並不是土耳其咖啡的味道，而是土耳其咖啡帶給我的土耳其美好回憶吧？

土耳其咖啡。

鹹乳酪(Ayran)

土耳其人的飲食不能少了乳酪。當地人都是大桶大桶的買原味乳酪，味道跟一般乳酪沒差，但在Kebab餐廳或是超級市場，會喝到一種鹹味的乳酪，叫Ayran。Ayran主要是乳酪加水和鹽混合而成的製品，喜歡的人會覺得它很開胃和消暑，配搭肉類料理一起喝，跟我一樣不喜歡的人則會覺得它非常鹹，稀稀的口感也有點難接受。

鹹乳酪

Ayran。

背包花紋極具土耳其特色。

各式各樣的杯子。

市場內可找到乾果及果仁。

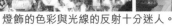

燈飾的色彩與光線的反射十分迷人。

小小的紅茶杯也有很多
選擇。

最古老的市場之一 Grand Bazaar

　　Grand Bazaar是世界上最古老、最大的市場之一，內裏有多條巷弄，無論抓甚麼角度拍攝，土耳其的Bazaar都是七彩繽紛、引人入勝。吊燈、喝茶喝咖啡用的小杯子、茶具、果仁、土耳其軟糖、飾物、絲巾等等，都極具土耳其風情，讓人想大大小小打包回家。這個世界真的很有趣。雖然我們本質相同，但有些文化會崇尚簡單至極的美學(如北歐)，而有些文化則喜歡把不同顏色搭配在一起。就是因為各種不同，世界才會如此精彩。

另類風光：
熱情的土耳其男人

與土耳其男人合照。

街頭遇上的土耳其男人都非常
熱情，當把鏡頭對向他們時，
他們都會報以微笑。

　　土耳其男人出名多甜言蜜語、熱情無比。先別說男人，一般土耳其人對東方人都非常好奇及有興趣。有些人會上前跟你聊天；有些人會默默在背後或光明正大地觀察你的一舉一動。那種感覺很容易感受得到，如果你是東方女性，那感受就更明顯。

　　當天我跟朋友在Grand bazaar亂逛，每經過一間店鋪，店內男職員都會跟我們微笑問好，說：「你好」或「Konichiwa」，再逗我們說話，例如會說「你們是情侶嗎？你可以做我女朋友嗎？」、「我好愛你」、「你留下來土耳其可以嗎？」等等。甜言蜜語早已成為他們的習慣。除了某些帶有騷擾成份的話語之外，一般女性旅客聽他們話應該會感到飄飄然，因為他們太懂說話了。

03 溫柔的國度：伊朗

在伊朗總是遇到女生要跟我們合照。

與新認識的沙發主人一家人大合照。

　　記得在設拉子，有數次我在某個不是景點的建築前拍照，十秒之內吸引了一班當地人圍觀，而且同樣拿起手機拍照。當時我還傻傻的以為自己正阻礙他們拍照，便默默走開。正要離開時，其中一個伊朗女生叫我等等，原來她想跟我合照。然後，陸續有些伊朗家庭、一群年輕男生、一個伊朗婆婆排隊跟我們聊天，身旁更開始圍了一班人，愈來愈熱鬧。

　　每當回想我在伊朗的旅行經歷，都覺得像發了一場夢。這場旅行夢比夢真實，卻又比現實虛幻，似有若無。一開始我對於伊朗這個旅行目的地也會聯想到「危險」、「不穩定」這些詞語，但究竟這些字眼從何而來？報章？雜誌？媒體？說到底，我們都憑着第三者資訊去認識一個國家與文化。而這些資訊有時候會被主流媒體或具權力的國家所主導。而且，認為伊朗危險的人，大多數都是未去過伊朗；反而去過的人，都跟我說伊朗是一個美麗溫柔的國家。當地人好客熱情，讓人依依不捨。正因為這樣，我極渴望到訪伊朗。我想用自己的一雙眼去看看這個國家的真實面貌。

　　走到一個較冷門的國家，好處是很多東西都可以由自己探索，從零開始認識一個地方。兩星期的伊朗之旅，我去了德黑蘭(Tehran)、設拉子(Shiraz)、亞茲德(Yazd)、伊斯法罕(Esfahan)。在這裏我嘗試了兩次沙發衝浪、坐了順風車、被當地人邀請去他們家去喝茶、被當地人邀請去野餐⋯⋯在伊朗這片土地，我留下了很多未曾試過的旅行回憶。

Story 1　沒計劃地入住當地人的家

德黑蘭篇(Tehran)

因為飛機延遲的相遇

　　整段伊朗旅程，最有驚無險的是第一天我從土耳其出發往伊朗時所發生的事。現在回想起來，覺得自己確實有點年少輕狂，但同時亦慶幸自己的一點點瘋狂和對陌生人的信任換來了一段美好回憶。

　　出發當天，我背着背包準備好於土耳其機場乘飛機到伊朗的德黑蘭。飛機12點左右起飛，我11點多坐在登機閘口附近開始等，結果飛機延遲一小時。乘客漸漸感到不耐煩，而坐在我身旁的年輕男生大概也是同樣心情，不禁跟我嗟嘆一句：「唉，為甚麼仍然未能上機？」這樣一句，我們便開始聊下去。

原來他是伊朗人，在波蘭留學念建築，已三年沒回家了，這次從歐洲飛回伊朗，途經土耳其。這次回家，是為了當兵，所以他對於要回家這回事，既期待又緊張。期待，是可以探望家人；緊張，是因為他三年一直生活在相對較自由的波蘭，突然回到一個禁酒的國家有點不適應。我跟他分享我的旅行計劃時，他很驚訝，驚嘆怎會有一個亞洲女生想去自己的國家，而且竟然沒百分百準備好，例如當晚的住宿仍未預訂。其實即使我找到想訂的青年旅舍，伊朗德黑蘭的青年旅舍特別難在網上預訂，所以我唯有事先查看幾間青年旅舍的地址及電話等，打算到達後再決定。除了住宿，從機場到市中心的交通我還沒計劃好，只知道機場位置偏僻，離市中心很遠，乘的士好像是出市區的最佳選擇。

　　「下機後，有機會再見吧！」我說。

　　「嗯，待會伊朗見！」他說。

　　到了下午一點終於可以登機。我們互相看看機票，發現座位相隔了十多行，便提前道別。從土耳其到伊朗的飛行時間約四小時，飛機降落後，我急忙戴上頭巾，入境後便走到行李提領處。這時我又碰上那男生，我們一起拿行李，走向下一層的接機大堂。向下望去，便看到一家大小捧着鮮花向我這邊揮手，看來他們就是他的家人親戚，情景溫馨無比。到了下層，闊別三年的他們終於重聚，他的外婆、父母和其他親戚都非常興奮。

　　此時的我卻尷尬地站在一旁，在想着應該默默離去時，他向他的家人簡單介紹我這個剛在機場認識的陌生人。慶幸他的家人非常歡迎我，更誠邀我坐他們的順風車到城中心。之前上網做功課時了解到從機場到市中心要麼坐私家車，要麼坐的士，並沒有其他方便的公共交通工具，非常麻煩，所以我毫不客氣地坐了一趟順風車。

　　從機場開車到市中心大概需要半小時，到達市中心後，我給他們一些青年旅舍的地址，麻煩他們載我到住宿處附近的區域。兜了幾圈之後，他們表情好像有點擔心，因為他們一直以為我住的是較「安全」的酒店，而非青年旅舍，所以他們經過一番商量後得出結論：「不如今天晚上你先住在我們家好嗎？明天你再另尋住宿吧！」我當下受寵若驚，沒想到剛抵達伊朗便立刻遇上好人好事，很感謝他們對我這個突如其來的陌生人如此無微不至。厚面皮的我答應後，便出發往他們家。

融入伊朗人地道生活

　　他們家位於德黑蘭市中心一幢四層高的現代化公寓內。家裏的裝飾很奢華，有很多閃閃發亮的擺設，像玻璃製品、金屬製品等。客廳非常寬敞，地上鋪上每個伊朗家庭必備的波斯地毯，更有五張沙發之多，看來可容納十至二十人。伊朗人重視家庭，自然看重家人朋友聚首一堂的客廳，隨時準備招呼客人。而比例上睡房顯得細小，與香港的睡房大小差不多，跟客廳之寬敞形成一定的對比。

客廳的櫃子裏放滿了裝飾品。

在伊朗，地毯就是最好的飯桌。

　　漸漸，越來越多親戚朋友來了，有舅父、姨姨、表兄弟姊妹等等，總共十多人。縱然我只是陌生人，但媽媽很體貼地形容我為他們的「朋友」，介紹給各親朋戚友，感覺既生疏又親密。親友同樣友善，熱心地為我介紹伊朗的旅遊資訊，那位英文説得特別好的姨姨更留下了她的電話號碼給我，叫我有甚麼事情可以隨時找她，讓我在外也有個依靠，十分窩心。

　　伊朗家庭對於外國文化都很感興趣，全家人輪流走過來雀躍地請我幫他們改中文名字。這個突擊測驗考倒我了，畢竟廣東話與波斯語的發音不相同，譯音也沒有標準答案，我只好盡力瞎寫幾個廣東話譯音名字，得到自己專屬的中文名字，他們都心滿意足。另外，每次我練習説波斯文的一至十時，他們都會非常興奮，流露出滿足和讚賞的神情。語言的交流，能直接拉近兩個文化的距離。

這個備受全家寵愛的小弟弟常常表演跳舞給我們看，很可愛。

最後大人小朋友一起聞歌起舞，非常熱鬧！

我的波斯語筆記本寫上了他們一家人的名字，以及不同數字的波斯文。

在波斯語的世界裏我顯得格格不入，但我很享受迷失於異國文化的氛圍中。我坐在沙發上一直吃朱古力、甜點、喝茶、看電視、聽音樂，從七點到十一點，他們仍然在聊天，好像沒打算吃晚飯。我下機後便沒有吃過正餐，正當我擔心要捱餓之際，到了十二點他們終於鋪上一張膠製桌布於地毯上，看樣子應該是準備吃晚飯。伊朗人習慣在地毯上用餐，因此大部分伊朗家庭都沒有飯桌與椅子。他們徐徐地端上餸菜，有沙律及夾雜了紅莓的雞肉飯。或許是太餓了，也可能是他們廚藝精湛，第一頓伊朗菜我覺得非常好吃。

吃完飯已經凌晨一點，他們邀請我出去繼續下場，但我實在太累了便留於家中休息。伊朗外婆為我在大廳的地毯上鋪上薄薄的床鋪，加上枕頭及被子便是我的睡床。當我以為只有我睡在大廳時，外婆自己再多鋪一張，原來她習慣睡在大廳地上。

翌日起床已是早上十點。全家人除了外婆與媽媽之外仍然在睡，媽媽叫醒兒子起床後，我們便一起吃早餐。與晚餐一樣，也是席地而坐。早餐有蜜餞、果仁抹醬、莓醬、芝士、牛油、青瓜等，跟土耳其早餐相似但味道不盡相同。吃過早餐，我便收拾行李準備離去。兒子駕車陪我去兌換伊朗貨幣，以及選購在伊朗「合法兼合格」的女生衣服，再送我到地鐵站。

沒想到我只是在德黑蘭待了兩天，便經歷了如此多。縱然這兩天我還沒開始到訪任何德克蘭景點，卻意外走進伊朗人的家，以最平凡卻難能可貴的方式了解伊朗文化。謝謝陌生人的好心腸，謝謝溫柔的伊朗。

到了十二點他們鋪上一張膠製桌布於地毯上，終於準備開餐！

第一晚他們全家人特地為兒子準備的豐盛晚餐。

我與伊朗一家人的合照。

早上他們為我準備的伊朗早餐，比較特別的是有蜜餞和椰棗。

伊朗人所謂的「麵包」款式多多，我吃了一片像墨西哥玉米餅般的「麵包」。

不合格的衣服

伊朗媽媽第一眼看到我時，便提醒我要盡快買新衣服。當時我下身穿九分褲，上衣是白色長T恤及長袖外套，身上除了臉部和手掌露出一點點肉外，其他部位都被衣物覆蓋。不過，原來問題是上衣不夠長，未能完全覆蓋臀部！在伊朗，除了戴頭巾，還規定女生上衣必須過臀，穿着長袖上衣、長褲或長裙，而且不能穿緊身衫，露出身體曲線。於是，兒子便陪我隨便在路邊攤買了件白色衣裳。

在路邊攤買合適衣服。

這就是合格的上衣長度。

Story II 同樣愛獨遊的伊朗女生

德黑蘭篇(Tehran)

給予我私人空間的沙發主人

在德克蘭的第二天，我住在一間簡陋便宜的青年旅館。由於翌日我需要與一個香港朋友及她的沙發主人會合，我必須要在有網絡的環境下才能聯繫到她們。可是該青年旅館的Wi-Fi接收很差，我們只是隨便約了時間在某個地鐵站相見，便沒有再次確認，網絡不穩定令我們失聯了。

或許你也試過出門後突然發現口袋空空如也，驚覺自己一時大意忘了帶手機，而你在沒有網絡與電話的情況下約了朋友見面，你很害怕自己或對方途中有甚麼意外，卻未能聯繫上對方。現代人早就習慣了「機不離手」，兩手空空便忐忑不安。我在伊朗時既沒有當地的聯絡號碼，亦沒有網絡，更顯得渾身不自在。到達地鐵站後，我隨便在一個出口等候，街道非常冷清，連人影也沒幾個，更別提是否有人迎接我了。

我在那個出口等了十多分鐘後，再也按捺不住，決定開口問當地人借電話。我在香港曾經很抗拒借電話給陌生人，怕被人偷電話，所以當要主動問別人借電話時便憂心忡忡，怕他們覺得我是壞人。幸好，純樸的伊朗人二話不說借我手機，更為我撥打電話號碼，與那位沙發主人直接用波斯語溝通。最終，我在該出口外面的馬路成功找到沙發主人，跟香港朋友會合。一個旅行的小難關終於熬過去了。

我的第一個伊朗沙發女主人叫Roji，她給我的第一印象是為人樂天、正面、健談，感覺很容易跟她做朋友。她是獨居的，她的家跟香港普通的房子差不多大。我們睡在她家的沙發床上，基本上我們睡覺時會完完全全佔用她的客廳，打擾了她的日常生活真是極不好意思，幸好好客的她完全不介意，還擔心我們太委屈。

這個地鐵站出口冷冷清清，我正在等待香港朋友及沙發主人出現。

我在德黑蘭第二晚的住處。

　　Roji知道我一整天仍未吃東西，便為我準備簡單的午餐，即典型的伊朗食物：麵包、芝士、牛油、番茄、蛋和乾果。雖然十分簡單，但對於窮遊旅人來說已經是豐富大餐。我很喜歡這個沙發主人會給予沙發客適量的自由及私隱空間，因為有些沙發主人會希望沙發客跟他每分每秒都有互動，亦有些沙發主人為免氣氛尷尬會不停講話。我很喜歡跟他們聊天和互動，但偶爾留有私人空間會讓我感到更自在。每個沙發主人都有不同性格，遇到與自己性格合得來的沙發主人可遇不可求。

Roji首先開車到當地的街市買茄子，原來是準備為我們煮傳統伊朗菜。

Roji的家。

家中有許多零嘴小吃，例如新鮮的開心果、棗、果仁，這些彷彿是伊朗每家每戶必備的零食。

到達Roji家後先吃一頓簡單的午餐。

Roji為我們製作著名的波斯茄子料理Kashk e Bademjan。材料有茄子、蒜頭、洋葱、Kashk（類似乳酪的發酵乳清製品）。味道很重，一般人第一次吃的話應該很難馬上接受那種味道。

Kashk e Bademjan賣相不怎麼討好，而且很重奶味。

Roji大方地拿出衣櫃裏的伊朗衣裳讓我們試穿，滿足我們的好奇心。

伊朗服飾的特色是顏色鮮豔，有許多色彩奪目的圖案。

之後有幾天Roji更借出衣裳讓我們外出時穿着。

幸好有Roji開車，我們才能在酷熱的天氣下舒適探索德黑蘭。

吃膩了波斯料理

　　Roji邀請我們一起參觀宏偉的阿扎迪自由紀念塔(Azadi Tower)，這座紀念塔説得上是德黑蘭的象徵，外觀的對稱與協調展示了伊朗建築之美。我們更乘升降機到頂樓俯瞰德黑蘭全景，由於沒有任何高樓大廈遮擋，視野遼闊，景觀震撼。之後，Roji帶我們去大型商場內的Food Court吃平民波斯料理。波斯料理果然離不開雞肉Kebab、綠色的湯、黃色米飯、一堆蜜餞等等。我明明只來了三天，但已開始對波斯料理有點膩。伊朗菜不怎麼合我的口味，除了太重香料味，最大問題是很乾，即使有所謂的湯汁拌飯，湯汁都像水一樣稀。

沙發衝浪客 環宇漫遊之旅

我與沙發主人Roji在
阿扎迪自由紀念塔
前合照留念。

走到塔下近距離觀賞這宏偉的建築。

帶我們到Food Court吃飯。

Food Court提供經典的伊朗食物，
例如白飯、番薯、Kebab。

這四個鍋內的是稀得像湯品的醬汁。

一碗飯配一個類似湯品的餸菜便是一頓午餐。

這碗綠色的湯材料有豆、香草、蔬菜，顏色不大
吸引，味道也一般。

伊朗對女性的限制

經過兩天相處，Roji提議：「不如我們一起在伊朗旅行？」

為甚麼她會突然邀請兩個陌生的香港人一起遊伊朗？

為甚麼她好像比我們更興奮？

原來，一切都跟這個社會有關。未婚的Roji從事與旅遊相關的行業，跟我們一樣也是喜愛獨遊的女生，但她的國籍卻讓她很難在伊朗境內外自己一個旅行，一切沒想像中那麼簡單。伊朗女生不被允許進入體育場館、外遊出境需要老公許可、單身女性出埠時需要監護人許可等等。

種種法例與社會的約定俗成，令她們難以打破社會規則，縱然法律上並沒有禁止伊朗女生在境內旅行，但Roji說自己一個女生訂酒店或沙發衝浪都很不方便。由於伊朗人對待外國人有另一套標準，所以如果我們兩個外國人陪她一起的話，便能避免許多問題了。

在伊朗，當地女性要在國內外旅行，並不是個人的自由選擇，而是社會的決定。但願有一天，她們都能做想做的事，而不是做社會規範她們要做的事。活在另一個國度的我們，更應珍惜擁有的，無論是任何人都應爭取應有的權利，這樣社會才會進步，才會真正得到自由。

最後因為時間上沒法配合，很可惜我們沒有和Roji一起旅行，但我希望她能透過與我們的交流認識異地文化，慢慢拼湊出屬於她自己的世界地圖，再一步一步實踐她的旅行夢。

Bakery、伊朗大叔與烤肉小店

　　在伊朗，每一區都有自己的Bakery，而每個Bakery麵包的形狀都不一樣。有天我們在Roji家附近閒逛時，被這家麵包店吸引。這家的麵包較厚，很大片。伊朗人買麵包都是一疊疊買的，可是我們只吃得下一塊，又不好意思只買一塊，所以我跟朋友只是在外頭觀看和拍照。殊不知友善的職員留意到我們，主動招手讓我們進店拍照，進店後他還請我們吃了一塊剛烤好的麵包。新鮮出爐的麵包果然最好吃，小店果然人情味最濃。

我在伊朗吃過最好吃的麵包。

與店員合照。

店內有兩名職員，一個負責烘焙，一個負責搓麵團和接單。

小店只賣一款麵包。

在Shiraz街頭也找到賣麵包的小攤子。

Roji家附近的Bakery。

當地人買麵包都是一疊疊買的。

吃完Bakery我們繼續走，來到一間吃Kebab的小店。店內只有一個努力烤肉的叔叔，樣子靚腆。烤肉店最基本的食物是雞肉串配飯及深綠色的湯。因為天氣的關係，伊朗很少綠葉蔬菜，最常吃到的是番茄及茄子。在這種住宅區不用嘗試説英文點菜了，説一句salam(伊朗的問候語，有祝福的意思)，指住你要的肉和飯，他們便明白了。

我一直凝視伊朗叔叔在認真地烤肉，一不小心跟他對上眼，然後他靚腆地笑了。

獨自烤肉的叔叔。

點了Kebab、湯和米飯。

早上五時多起床，出門剛好遇上美麗的日出。

遠距離觀賞默德塔。

從山腰俯瞰德黑蘭景觀。

遠遠又再次看到默德塔。

跟着當地人爬山

愈沒有計劃的旅行愈有驚喜，因為旅途上發生的一切都在預料之外。

有一天Roji問我們：「明天你們會做甚麼？」

我們答：「暫時沒有計劃啊！」

Roji提議：「有興趣跟我的朋友爬山嗎？」

「好啊！」

就這樣，翌日，我們在毫無計劃之下，有機會跟隨當地人在德黑蘭爬山。當天為了爬山，我們早上五時便起床。街上既冷清又寧靜，只有幾個伊朗人。突然我抬頭一看，發覺天漸漸亮了。凝視着美麗的日出與默德塔(Milad Tower)的剪影，不自覺感慨起來。或許這種不期而遇的感動，就只有沒有計劃的旅行能帶給我們吧？步行了十分鐘，在主幹路乘的士到最近的地鐵站，再乘坐地鐵到紅色線的最後一站，下車後再乘的士到公園與Roji的朋友Ali會合，還未開始爬山已經感到心力交瘁。

要從眾人中認出Ali很難，但要Ali在眾人之中認出我們兩個東方女生的臉孔幾乎毫無難度。Ali不諳英語，我們全程只能靠肢體語言溝通。他喜歡爬山，是專業的登山常客。他帶領我們一路往上爬，路徑平坦易走，走到山腳時已可俯瞰德黑蘭的城市景觀，景色優美。行山的最大挑戰，是要全程包着頭巾。當天天氣並非特別熱，但頭巾令人感到又焗又熱，而且我們穿着長袖上衣及長褲，身體彷彿無法散熱。過程中頭巾更一直掉下來，真不適合行動或運動時戴着。雖然有種種怨言，但我很享受體驗這種新鮮感。就讓所謂的痛苦變成旅行的樂趣好好享受吧，人就是面對異國文化時才會變得寬容一點。

整個山頭的人好像都認識Ali，平均每20個登山客就有一個人能夠說出他的名字，跟他打招呼。中午時，我們到了一個休息站準備吃午餐。Ali除了朱古力以外，身上沒有任何食物或乾糧，但他有的是滿山的朋友。在休息站，他介紹了他幾個男性朋友給我們認識，然後我們坐在一起用餐。他的朋友非常用心地準備了麵包、餅乾、番茄、青瓜、罐頭、煎蛋等等。伊朗人四季喝熱茶，天天喝熱茶，早午晚喝熱茶，一天內甚至可以喝十幾杯茶，這是我來到伊朗之後遇上的一大文化衝擊。即使天氣熾熱，即使汗流浹背，即使要去爬山，也絕不能少一壺熱茶，可見熱茶在他們心中有多重要。另外，當天他們更大費周章地把吸水煙的設備也帶了上山，讓我驚訝不已。吃完飯他們吸水煙，而我跟朋友午睡了一會兒，便下山去。

　　Ali跟他的朋友都熱心友善，對我們很好，很照顧我們。每次Ali向朋友介紹我時，都因為誤會而介紹我是日本人。由於他們不太聽懂我說的英文，我也懶得解釋，所以其中一個曾經住在日本埼玉縣一年的伊朗朋友不停跟我說日語，感覺很微妙。而另一個伊朗朋友每次見到我時，都會大喊他不知道從哪兒學回來的日語「やつたね」，意思是「太好了」，再配上一個無敵燦爛的笑容。縱然莫名其妙，讓人哭笑不得，但每次聽到他說日語時都感到份外親切。

到了中午，我們休息和吃飯。

Ali的朋友帶了許多食物與飲料，準備充足。

最左邊是Ali，中間是會說日語的可愛伊朗朋友。

真的是邪惡軸心嗎？

在伊朗爬山、在山頭上聽伊朗老伯伯唱歌、跟伊朗人説日語，一切都在意料之外。生命本來就是一場離離合合的旅行，在路上遇見誰都是一個美麗的意外。雖然一切都離不開緣份，但促使這一切發生的原因是因為有好客的伊朗人。伊朗人很樂意，也很喜歡接待外國遊客，他們會愉快地跟你交談。這兩個星期我最常被問到的是「你覺得伊朗怎樣？」以及「你喜歡伊朗嗎？」。為甚麼伊朗人會如此關心外國人怎樣想他們的國家呢？原來，這跟傳媒與民族自尊心有關。

大部份伊朗人篤信伊斯蘭教，而伊斯蘭教徒常常被偏頗的傳媒渲染成恐怖邪惡的形象，而且伊朗更曾被美國稱為「邪惡軸心」，國際社會都對溫柔的伊朗有不少誤解。誠然，伊朗並不是一個開放的國家，網絡受到政府限制，又因宗教關係，男女皆有嚴謹的衣着管制，但這些外在因素不代表整個國家。還是要親身走到當地與當地人交流，才能真正認識這個國家。伊朗人渴望國際社會放下成見，了解他們真實的生活，重新認識伊朗。當碰上外國遊客時，他們絕不會放過與你交流的機會，詢問你如何看他們的國家，衷心希望你愛上伊朗，而且回家後要多跟家人朋友分享伊朗的遊歷。這是我在其他國家從未有過的經驗。

我還年輕，還渴望繼續上路。無論看再多的書、再多的報章，不親身走訪根本不可能全面認識一個國家，而神秘的伊朗更甚。走進民居、在茶室喝茶、跟當地人爬山、與當地人面對面聊天，是最直接簡單的方法去了解伊朗。沒有人説旅行一定能帶來甚麼改變，但我可以肯定地説，每一趟旅行都是一場華麗的冒險。旅行給我們帶來的，不是改變，而是一個讓我們反思的機會，然後在人生中作出一些改變，展開一段更精彩的人生。

我與Ali的合照。

最好客的民族

 伊斯法罕篇(Esfahan)

入住富裕階層的沙發主人家園

在伊朗找沙發主人有一定難度。伊朗男尊女卑，連沙發衝浪的網上用戶也是男性居多。而且，我與朋友習慣了找女性或一個家庭當沙發主人，所以可選擇的沙發主人並不多。發了數個申請，幸運地最終收到了一個伊朗家庭的回覆，答應接待我們兩個晚上。

我們從德黑蘭乘搭比想像中豪華的長途巴士到達伊斯法罕這個文化古都，與沙發主人相約在火車站見面。下車後便看到向我們熱烈揮手的沙發主人，這次是一對伊朗夫婦，伊朗媽媽叫Maryam，剛剛誕下漂亮可愛的寶寶。他們一家人很是好客，一起開車前來火車站迎接我們。歸家的路上，刻劃了我對伊斯法罕的第一感覺。伊斯法罕與我想像中的伊朗截然不同，這兒是個沙漠綠洲，大馬路邊樹木繁茂、綠樹成蔭，與烏煙瘴氣的德黑蘭、沙漠老城亞茲德相比真是天淵之別。伊斯法罕環境舒適，我的伊朗之旅驟然從「冒險」變成「度假」模式。

沙發主人住在一間非常寬闊的平房，比起之前到訪過的伊朗民居，他們家算是數一數二的寬敞和現代化，既保留了伊朗傳統家庭的波斯地毯，亦有飯桌、搖椅、沙發、大電視，甚至是書房等等，估計他們屬於當地比較富裕的一群。我們擁有自己的房間，睡在書房的地毯上，Maryam為我們準備了一套洗乾淨的床單及被單，十分貼心。雖然這幾天他們都因為工作而沒有辦法帶我們四處參觀，但他們特別安排上班前駕車載我們到伊瑪目廣場，下班時再接我們回家，中間約有七、八個小時探索整個廣場。初時我以為時間充裕，怎料廣場之大以及手工藝品之多實在出乎我意料之外，逛一整天也不夠。

Maryam的家。

雖然這個家有難得一見的飯桌，但吃晚飯時還是喜歡坐在地毯上。

當晚我們睡在書房的地毯上。

他們算是當地的富裕階層，住在平房，家裏設備都較一般伊朗家庭現代化。

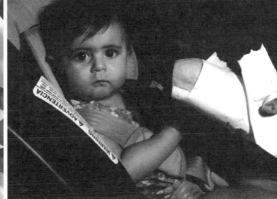

可愛的小女兒，眼睛水汪汪，惹人憐愛。

驚嘆於世遺「伊瑪目廣場」之大

　　伊斯法罕由清真寺建築至民間的手工藝水平都極高，這個古都除了以富麗堂皇的建築及城南河道上的橋樑聞名之外，手工藝品亦是伊朗的重要文化產物，不容忽視。想一探究竟伊朗的手工藝品，不能不到訪被列入世界文化遺產的伊瑪目廣場(Imam Square)。廣場由幾個部分構成，南端是大型建築伊瑪目清真寺，東方是皇家專用的清真寺，西面是阿里卡普皇宮，北方則是伊斯法罕大巴扎。

　　伊斯法罕大巴扎是手工藝品的集中地，非常好逛。波斯地毯、銅器、陶器、首飾、掛畫等傳統工藝品琳琅滿目，是手工藝品愛好者的天堂。很多店鋪更臥虎藏龍，你會看到店內藝術家專注地製作自己的作品，到處都散發着濃厚的藝術與文化氣息。每件作品都獨一無二，無論是喜歡購物的人或是欣賞藝術的人，都會樂而忘返。到了晚上，幾乎每一寸草皮上都放着地毯，聚集了前來野餐的伊朗家庭。

伊斯法罕大巴扎。

藍色的手繪工藝品，一筆一劃的花紋十分仔細。

美輪美奐的手工藝品，有時鐘、盒子等等，每個花紋都不一樣。

市集裏亦有許多在土耳其常見的邪惡之眼。

廣場非常廣闊，我花了大半天也未能
逛完裏頭的市集。

商品琳瑯滿目，我多希望能夠帶一張
波斯地毯回家。

在市集裏剛巧遇到一名正在畫畫的畫家，細緻的畫工讓我為之讚嘆，其他作品也極之漂亮。

賣香料、香草、乾果的店。

室內市集的最大好處就是中午不用忍受酷熱的太陽。

Minakari是伊朗代表性的琺瑯繪藝術。以一抹艷麗的藍色琺瑯釉，在器皿上畫出複雜精緻的圖案，細密的紋理與迷人的藍色讓我着迷。

不少人喜歡圍着伊瑪目廣場中間的噴水池坐，小朋友更喜歡在噴泉玩水。

廣場南端聳立的清真寺是伊瑪目廣場的地標。

即便是從一段距離觀賞清真寺上的圖案，也看得出手工非常仔細。

Maryam的中文筆記本。

認真學習中文的Maryam

　　始終Maryam他們要照顧小朋友，我們不希望打擾到他們的生活，所以每天晚飯時間便會回家，與他們一起吃飯，有時他們會帶我外出野餐，有時買外賣回家吃。雖然家裏有飯桌，但他們依然習慣坐於地毯上吃飯。我們一邊看電視，一邊聊天，感覺就像家人吃飯一樣自然無異，非常自在。他們是我在伊朗遇上的沙發主人之中，英語及國語說得最好的伊朗人。

　　Maryam對中國文化很感興趣，曾經在伊朗學過一段時間中文，因此會說簡單的國語。她的中文發音標準，文法也近乎完美，國語好像說得比我還好。除了會講國語，她連簡體中文字也會寫，而且不只是單詞，而是完整的句子。看了她的中文筆記本我佩服不已，實在太厲害。可是，始終在伊朗能夠練習說中文的機會不多，她很想藉着沙發衝浪練習講中文。語言一旦不使用便生疏，而Maryam是個很認真的語言學習者，無論是發給我的短訊，或在我社交媒體上的留言，都一概使用標準的中文。我非常敬佩她的學習態度。

　　縱然我較少機會與這一家人相處，但他們表露無遺的好客與熱情融化了我的心。離開伊斯法罕的晚上，趁有些空檔，他們一家三口帶我去看伊斯法罕的夜景，星光下照耀着一同站在地球一角的我們，畫面平凡而絢爛。誰是誰的過客，誰是誰生命中的點綴，都不重要了。是我們年少輕狂，也是他們殷勤好客，命運才把風馬牛不相及的幾個人連在一起。看過最後一晚夜景，他們開車送我到巴士站，我朋友則留在伊朗繼續旅遊。

　　開車時，他們從袋子裏拿出一份三文治及一包乾糧，遞到我手上，輕輕道：「怕你在路途上餓壞肚子，拿去吧。」人在陌生的地方時沒家人朋友可依靠，被迫習慣獨立，無論遇到甚麼問題，都要自己解決，自己照顧自己。當遇上當地人稍為對你好一點時，那種感動無法比擬。背包客就是這樣，旅行時所有感觀都會放大一百倍。例如味覺會變得敏感，會變得更加細心觀察身邊的所有小事。同樣，即使只是一點點的愛或關心，也會倍覺感動。試過一個人去旅行後，便會明白生活中所有的小確幸都是快樂的泉源。

來到了旅程第七天，我們對於伊朗人的早餐已司空見慣。

一天晚上他們叫了Pizza外賣回家吃。　披薩的切法非常嶄新，可以同時滿足愛吃皮及愛吃餡料的人。

後來更遇上停電，我們幾個人坐在地毯上圍着幾支蠟燭聊天，感覺詭異卻很有趣。

離別那天他們開車帶我們去看伊斯法罕的夜景。

他們請我們吃三文治作晚餐。　我送了一張明信片及充滿中國特色的醒獅公仔給他們。

 Story IV **受到彷如明星般的對待** 設拉子篇(Shiraz)

與想像中不一樣的伊朗人

「這就是伊朗嗎？跟我印象中相差太多了吧。」

每次與其他人分享我在伊朗的旅行經歷時，大部分人都很驚訝我的經歷竟如此正面與愉悅。其實不只是伊朗，我走訪每個國家時都感受過那種「咦，怎麼跟想像中差這麼多？」的感覺，例如「怎麼XX的地鐵會那麼骯髒？」、「怎麼XX的民風如此純樸？」、「怎麼這裏沒有打仗？」等等。其實，看過再多的旅遊書，也不及自己親眼看到的來得真實，只有自己親眼看過、親身感受過，才知道甚麼是最真實的。

我在伊朗旅行，每天都遇到好人好事。當然總有幾天會遇上所謂的壞人，例如街上有年青男生言語上調戲你、吹口哨及騷擾你，但只要你不回應或嚴肅地表示不滿的話，他便不會進一步做些甚麼。畢竟在伊朗男女授受不親，連握手也是不允許的。你的警覺性愈高，愈能減低他們下手的機會。一定要多注意，不要隨便和男生握手，因為這樣會讓他們覺得你態度開放，有可能跟你有進一步的身體接觸。

我在伊朗的兩個星期中，每天都感受到當地人親善的目光和無窮無盡的搭訕，彷如大明星般在每個城市受到追捧。當地人會主動上前用英語跟我問好、閒聊和要求合照。他們喜歡被拍照，會示意要我為他們拍照，拍完他們便心滿意足。記得在設拉子，有數次我和朋友在某個不是景點的建築前拍照，十秒之內吸引了一班當地人圍觀，而且同樣拿起手機拍照。當時我還傻傻的以為自己正阻礙他們拍照，便默默走開。正要離開時，其中一個伊朗女生叫我等等，原來她想跟我合照。然後，陸續有些伊朗家庭、一群年輕男生、一個伊朗婆婆排隊跟我們聊天，身旁更開始圍了一班人，愈來愈熱鬧。

我不禁跟朋友開玩笑説：「原來當明星是那麼累人的。」

我與朋友在青年旅舍附近閒逛。

正午時天氣熾熱，我們走進Vakil Bazaar這個陰涼處休息。

入夜後你會發現愈來愈多伊朗家庭外出野餐。

本來我正坐在這個地方與身後的建築合照，後來有個伊朗女生突然走上前，默默站在我旁與我來張合照。

走在伊朗各個城市的街頭，
會有無數當地人要求與你合
照，而我們特別受年輕女生
歡迎。

有些伊朗人會用他們的相機
為你拍照。

有的伊朗人會要求你為他們拍照，但拍照
完沒有說要把照片發給他們，其實他們只
是想你拍攝他們而已。

087

姨姨為我們準備的黑加侖子汁，非常冰涼解渴。

晚上跟與我們搭訕的男人到他家作客

之前聽説過外國人在伊朗旅行都有被當地人邀請回家作客的經驗，我在設拉子的第一晚便遇上了這種好事。那天晚上，我與朋友在公園乘涼，返回住處時，被一個英語説得挺好的伊朗叔叔搭訕及邀請我們去他家。在外地旅行時，通常主動搭話的人都來者不善，要是我一個人，應該會斷然拒絕他的好意，但跟朋友一起時膽子便大起來，卻之不恭地應邀。步行約十幾分鐘便到達他家，他住在一幢大廈的二樓，感覺像香港的唐樓，有些殘舊。客廳寬大空曠，四四方方甚麼家具都沒有，只有一張沙發、波斯地毯與小茶几。叔叔開門後第一件事是叫他妻子趕緊準備飲品與小吃給我們，他的妻子從廚房探頭望出來，她笑容可掬，竟然毫不擔心家裏多了兩個陌生人，反而熱情地跟我們問好。

她為我們準備了冰涼的黑加侖子汁，那杯應該是我在伊朗喝過最好喝的飲料！聊了約一小時後我們便離開，當時已是晚上十一點多，他們擔心我們晚上一不小心便迷路，堅持要送我們回青年旅舍。即使我們拒絕了幾次，他們始終鍥而不捨，一路陪我們走了十多分鐘回青年旅舍，過馬路時伊朗姨姨更會牽着我的手，像媽媽一樣照顧我們。臨別之際，伊朗叔叔留下了聯絡號碼，並邀請我們翌日傍晚一起野餐。

伊朗人熱愛野餐，無論我在伊朗每個城市的廣場、公園或路邊的草坪上，都會見到一家大小熱鬧地聚集在一起野餐，這是我出發前從未想像過會看到的畫面，很高興第一天到設拉子便被邀請參與野餐。到了第二天下午六點，伊朗叔叔與姨姨特地來到青年旅舍找我們。他們各提着一個沉甸甸的膠籃、兩三個看上去很重的膠袋，裏面有麵包、食物盒、餐具、碟、茶壺等，伊朗人對野餐隆重其事，真的不是開玩笑。為了帶我們野餐，害他們長途跋涉走來以及準備那麼多東西，確實不好意思，但這些都是外國人在伊朗要習慣的事，被熱烈歡迎、被邀請一起野餐、被請客，我想不到有任何一個國家能夠像伊朗般，讓我走在街上有賓至如歸的感覺。

　　當晚我們在公園野餐，找了個位置後便把地毯攤開，擺出野餐籃裏的餐具，包括玻璃碟、玻璃杯、刀刀叉叉等，除了紙巾和食物以外，沒有東西是即棄的，非常環保。當晚的主食是熱狗麵包，配料有番茄、沙律菜、青瓜、薯仔煎餅，感覺像吃自助形式的潛艇堡三文治。最後，當然少不了一杯熱紅茶。不論是野餐或行山，紅茶都是不可或缺的。喝完最後一杯茶，幫忙收拾，接近十一點我們便慢慢走路回青年旅舍。

　　一路上，伊朗姨姨用她僅會説的英語重複"Last night"及"No forget"這兩個英語單詞，意思應該是「最後一晚」以及「別忘記」。或許我的詮釋跟她想表達的有所出入，但我選擇相信她很捨不得我們。如果當天伊朗叔叔沒有主動搭訕、如果當天我們不應邀、如果我們當晚走了另一條路，那麼我跟姨姨便永遠不會遇上。畢竟伊朗人較少機會出國，而且伊朗遊客不算多，所以我感覺到他們都很珍惜與我們相處及接觸的機會。姨姨常掛在口邊的「別忘記」，並不只是説説而已，行動證明了一切。

　　當我們回到青年旅舍時，姨姨拿出她早已破裂的Nokia手機想跟我們合照，但手機的拍照功能突然失靈，她愈急就愈慌，我們便用自己的手機拍照。儘管我們跟她説沒關係，把我們手機的合照發送到叔叔的電郵就好了，但他們好像聽不太懂，所以在路上糾結了好久。最終她的手機仍然拍不了照，只好放棄了，表情更顯依依不捨地與我們説再見。道別不容易，但能在短短兩天內留下了如此美好難忘的回憶，已經不枉此行了。聚散乃人生常態，凡來塵往，莫不如此。一揮手，便是離別，但能在異地結緣成為同路人，我已感激萬分。

叔叔與姨姨為我們準備了許多野餐用品與食物。

新鮮沏出的紅茶略為苦澀，所以伊朗人喝茶時不能沒有方糖。方糖的用法相當特別，並不是直接投進杯中，而是放入口裏，待它在舌上快要融化之際，便啜一口茶。

我的朋友是素食者，姨姨非常貼心地為她準備了大量蔬菜。

伊朗人重視喝茶，連野餐也帶備沉甸甸的茶壺和玻璃杯。

見仁見智的波斯料理

在香港，幾乎甚麼菜式都能吃得到，但伊朗菜卻好像少之又少，甚至連聽也沒聽過。一直想不通為甚麼波斯料理沒有傳過來香港，而要領會一種地道菜，一定要走到當地。去一趟伊朗後，我便明白為甚麼伊朗菜難以傳到香港了。有個朋友曾說覺得波斯料理好吃，但也有人跟我一樣覺得在伊朗旅行是考驗，因為伊朗食物很乾，可樂特別甜，甜點甜到不能再甜，麵包及米飯比當地天氣還要乾。

雖然伊朗麵包有很多種，除非是新鮮烘焙的，不然都像紙皮般堅韌。伊朗菜的香料味很重，菜餚即使有汁也很稀，難以拌飯吃，肉類也烤得較乾。伊朗的主食有米飯和麵包。伊朗人吃白米時流行把一小部份的飯用番紅花染成黃色，常常加入乾果或拌牛油一起吃。伊朗人吃麵包，是那種沒甚麼水份、可以放很久的乾乾的麵包。麵包常配果仁醬、莓果醬、芝士、番茄一起吃。

伊朗路邊的食物水準一般，最合我口味的是快餐，而當地人親手煮的家庭料理比較用心和好吃，但終究底蘊裏的味道也差不了太多。我不算是挑食的人，但在伊朗的三星期，因為食物、衣服及天氣等原因讓我覺得快活不下去。整個旅途有幾天我跟朋友都只是吃朱古力、雪糕、餅、汽水、牛奶等維生。那幾天，我特別想念香港、日本、任何其他亞洲地方的食物。

伊朗某些傳統餐廳跟伊朗家庭一樣沒有餐桌和椅子，大家都盤腿而坐。

由羊肉、番茄、洋蔥、豆類等燉煮而成的Dizi，味道很微妙，鹹鹹的帶點羊羶味。

伊朗的雪糕稱為Bastani，味道偏甜，口感綿密扎實。

吃之前要先搗碎裏頭的材料。

Kashk e Bademjan

在伊朗用餐時，餐廳會自動提供麵包。

點了雞肉配米飯。雞肉很乾，醬汁很稀，味道很淡。

雞肉Kebab配飯。

隨餐附上的牛油是拌飯一起吃的，感覺光怪陸離。

外形像蛋糕、四方形的Tah Chin。

我在伊朗最常吃到的是快餐，這個是Falafel三文治，即炸鷹嘴豆餅三文治。

伊朗人主要吃沙律作為蔬菜的來源。

這道菜利用了乳清與茄子煮成。看上去不吸引，味道也很重，帶着濃厚的牛奶及芝士味。

有很多天我們的熱量都來自餅乾、香蕉及朱古力。

伊朗人吃白飯時常常混合乾果與番紅花飯。

伊朗 精選旅遊 景點

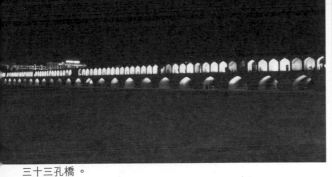

三十三孔橋。

如果河裏有水的話更可以看到美麗的倒影
景色，而乾涸時則可以步行到橋下。

橋沒有柵欄，腳步跟蹌便會掉下去。

可以沿着橋兩邊的小路走。

很多當地人晚上吃完飯都喜歡來這邊散步吹風，非常愜意。

入夜拍攝最佳 三十三孔橋(Si-o-se-pol)

橫跨在Zayandeh河上有三條特別有名的拱橋，其中一條就是建於1602
年的三十三孔橋，它因為有33個橋孔而命名。入夜時，一道道拱門的倒影最
為引人入勝。

Nasir al-Mulk Mosque。

寺內精緻的細節。

瓷磚上繪有玫瑰圖案。

清真寺外其他建築物都不比清真寺主體建築遜色。

聽說近年愈來愈多人被粉紅色清真寺吸引,常出現人滿為患的情況。幸好我們參觀當天門庭冷落,才有機會享受寧靜的氣氛。

粉紅色清真寺 Nasir al-Mulk Mosque

　　藍綠色,是伊朗最常見的清真寺顏色。我以為最迷人的清真寺,已在Esfahan看過了,怎料到了設拉子竟然有驚喜,因為這裏的清真寺是粉紅色的。這間清真寺叫Nasir al-Mulk Mosque。據說這間清真寺之所以為粉紅色,是因為十九世紀時期時,伊朗開始與西方有文化上的接觸,當時的波斯藝術家慢慢被西方的藝術影響,因此風格及用色方面都跟其他清真寺不一樣,例如瓷磚繪有玫瑰。不過,也有人說瓷磚上的玫瑰花代表了火。當年阿拉伯人強迫波斯人興建清真寺,而不少人仍然信奉拜火教,他們特地在磚上繪上玫瑰花,代表宗教之火。小小的清真寺,我跟朋友花上了兩小時,坐在這裏甚麼也沒有做。你或許會覺得無聊,但這兩小時是我們在長途旅行中極需要的休息及安靜思考的時間。

遊覽攻略

　　若要參觀,一定要在早上來。唯有在早上,才能看到反映在清真寺地上的彩光。陽光斜斜照進玻璃牆,照亮了整個祈禱室。

反映在地上的光線最為吸引。

伊朗古城 波斯波利斯(Persepolis)

　　波斯波利斯離設拉子市中心約一小時車程，是伊朗古城。除了可以參加當地的旅遊團前往，亦可以與幾位朋友一起包車前往。雖然經過歷史的洗禮，波斯波利斯的雕像已經殘破不堪，不再完整，但親眼看到殘留下來的古蹟時，仍然讓人肅然起敬。從一個帝國的崛起到衰敗，從盛極一時到付之一炬，這個古蹟見證了過去、現在和未來。

細心一看，會發現左右兩邊的階梯角度平緩，這個設計是為了方便馬匹走上宮殿，也是為了讓當時的皇室貴族或使節更華麗優雅的走上那111級台階。登上台階後，便會到達廣闊的平台地甚。

第一個看到的遺蹟是「萬國門」。

門廊高達十多米，左右兩邊各有一座約六米高的人首、公牛身、有翼的石雕像，名字是Shedu/Lamassu。它們被視為這座城的保護神，擔當重要的守衛角色。

位於西面的「阿帕達納宮」(Apadana Palace)，是大流士一世接見使節的場地。大廳的格局是正方形，每邊長約60米，據說廳內總共能容納一萬多人。本來有70多根石柱，現在只剩下13根石柱仍然豎立不倒。

慢慢爬上小山丘，可以俯瞰整個古城。

眼前的風景非常壯觀，加上遊客不多，有種獨享面前美景的快感。

當天天氣非常熱，無情的太陽直接曬在皮膚上，再加上女生在伊朗一定要戴頭巾、穿長褲及長袖的衣服，我每走一步都有點虛脫的感覺。不過旅行，就是要做一些平日不做的事、不喜歡做的事，挑戰自己的能耐。這一點點的難受、那一片薄薄的頭巾，會成為將來回想時，非常美好的記憶。

雖然現在的波斯波利斯風光不再，甚至有人形容這裏已成為「廢墟」，但從遺留下來的殘跡中，仍能讓後人窺探和想像到當時的金碧輝煌。

請眼看手勿動

遊客與古蹟之間只以簡單的圍欄隔開。

有一點想提醒各位旅人，波斯波利斯這個古蹟沒有被過份「保護」，如果遊客想摸遺跡，或蓄意破壞它們，很容易便可以做到。我看到很多遊客一直亂摸亂碰，或許他們覺得無傷大雅，不過人們常低估了自己的影響力和破壞力。每個人都這樣做的話，後果不堪設想。想要繼續把文物保存下去讓後人有機會看到的話，希望各位旅人好好珍惜文明古國所留下來的遺跡，好好保護它們。

我在匈牙利與 04
美國人打麻雀

在沙發主人家內打麻雀。

Hungary

　　吃飯後，Gergely竟然拿了一盒麻雀出來，而且是最傳統、最厚實的那款麻雀。我當場驚訝得尖叫起來，因為感覺太神奇了。另外，他更有一本英文的麻雀教學書，最後還發現家中所有不同國籍的人都會打麻雀（打麻將），看來他們是認真對待這種娛樂的。

以美酒著稱的古城

索普朗(Sopron)位於匈牙利與奧地利邊境，以美酒著稱，是一個中歐古城。本來我沒打算到訪這個小鎮，但幸運地找到沙發主人接待我，我便立即乘火車去。當時我在布達佩斯，由布達佩斯乘火車到索普朗約一小時。

沒錢沒時限的旅行，可以放任一種不羈，叫做「跟着感覺走」。哪裏有沙發主人可以接待我，我便帶着背包走到那兒。這樣既可以節省住宿費，又可以認識當地人，甚至跟他們一起相處幾天。

接待我的沙發主人是一個有許多接待旅人經驗的美國人，叫Gergely，他娶了俄羅斯太太後便在索普朗定居，兒子於匈牙利長大。到訪第一天，他體貼地與一名留學生一同來到火車站接我。他很喜歡文化交流，甚麼話題都能暢所欲言，跟他說話總能學習到各範疇的知識。他開車載我們到附近逛逛，例如到了匈牙利與奧地利的邊界位置，跟我細說索普朗的歷史。

之後我們便回家，這是我第一次走進傳統的匈牙利建築。建築本來是釀酒廠，所以房子很長，只靠一條通道貫穿所有房間，如果你要走到最尾一間房，便要穿過中間所有房間，非常有趣。家裏住了兩個當交換生的外國學生，加上兒子和我，屋子裏就住了六個人，每天的吃飯時間都非常熱鬧，隨興閒談，飯桌上笑聲不斷。

第一天到達索普朗，Gergely
便開車帶我兜兜風。

開車到如此偏僻的
地方，Gergely也遇
上朋友。

Gergely的家。

圖中左邊便是貫穿所有房間的通道。

我睡在客廳的沙發。

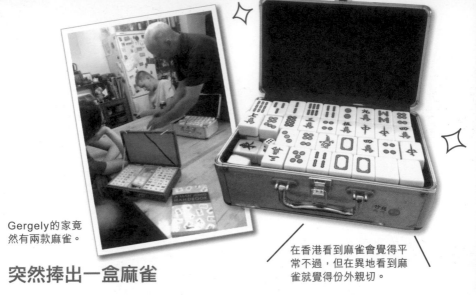

Gergely的家竟
然有兩款麻雀。

在香港看到麻雀會覺得平
常不過，但在異地看到麻
雀就覺得份外親切。

突然捧出一盒麻雀

　　類似的旅遊勝地看得多也會膩，但人與人之間的交流永遠不會讓你覺得
悶，尤其是身在異國的時候。整趟匈牙利的旅程，令我最歷歷在目的畫面就
在這個房子裏發生。吃飯後，Gergely竟然拿了一盒麻雀出來，而且是最傳
統、最厚實的那款麻雀。我當場驚訝得尖叫起來，因為感覺太神奇了。另
外，他更有一本英文的麻雀教學書，我最後還發現全家所有不同國籍的人都
會打麻雀(打麻將)，看來他們是認真對待這種娛樂的。

　　他們真的很用心，雖然看不懂漢字，但仍然很努力地比較對照每一隻牌
上的中文字。只是，「中發白」他們還能靠顏色去辨認，但同樣是藍色的「東
南西北」卻看得他們頭暈眼花。跟外國人打麻雀，最大的樂趣並不是打麻雀
本身，而是觀察他們如何打麻雀。在打麻雀的過程中，我就發現了不少有趣
的文化異同，例如「中發白」他們都叫dragon；他們沒有「三番起糊」這概
念；他們不知道萬子的「萬」代表甚麼，只管叫它做cracks；疊牌時大家都
很驚訝我能用雙手一口氣把34隻牌搭上去變成兩棟各17隻；出牌時一定要説
出你剛出了甚麼牌。雖然我打麻雀的次數應該較他們多，但每次出牌要説出
該麻雀的英文名稱原來很費勁，亦很狼狽。正因為我們迥然不同，過程才這
般歡樂。

　　世上有很多事都預料不到，我從沒想過自己會來到這個小城，更遑論寄
宿在別人家、與外國人打麻雀。跟外國人生活，才有機會見識他們在家會做
甚麼、吃甚麼，這些全都變成獨一無二的旅行回憶。謝謝Gergely和他的家
人，他們各自因工作忙得要命，卻願意接待我兩個晚上，視我如家人，每天
一起吃飯聊天。

到達索普朗後，沙發主人先帶我到城市附近
的小山頭散步。

索普朗不大，很快就能逛完。閒着沒事我便
坐在公園裏寫遊記，順便享受大自然。

索普朗主要的觀光景點圍繞在城鎮內的主廣
場附近，這裏有許多哥德式和文藝復興時期
的教堂、城樓等建築古蹟。

索普朗街頭。

舊城內的Firewatch Tower是索普朗最高的建築物，亦是這裏的象徵。登上塔頂能夠飽覽城市
四周的廣闊景色。

與Maja的合照。

與Barbara的合照。

Slovenia

　　Maja每天早上七點就要起床準備上班，她為了不打擾我休息，在我們認識的第一天，便給了我她家的鑰匙，讓我可以晚點起床，自由出入她的家。被她這般信任，我非常感動。

斯洛文尼亞VS斯洛伐克

　　長途旅行介乎於生活與旅行之間，要選擇一個國家居住，我會説斯洛文尼亞是一個理想國度。「與世無爭」這四個字，或許本來就是用來形容斯洛文尼亞的。

　　聽斯洛文尼亞朋友説，很多外國人都分不清斯洛文尼亞(Slovenia)跟斯洛伐克(Slovakia)，大部分人只認識斯洛伐克。這種誤會就像外國人會混淆台灣(Taiwan)和泰國(Thailand)。對斯洛文尼亞人來説，被誤會可謂司空見慣。對於同樣是小城市出身的我來説，非常清楚那種被誤會的無奈。相信對台灣人來説也一樣，他們常被外國人誤以為是泰國人(有時候更會聽到外國人對着台灣人繼續説甚麼我好愛泰國之類的)。但也難怪，畢竟他們對亞洲的認識和了解都不多。由於我不想被人誤會，自然有顆同理心，就是要先學好這兩個國家的差異。

　　斯洛文尼亞的語言是Slovene，而斯洛伐克的語言是Slovak；斯洛文尼亞靠海，斯洛伐克位於歐洲內陸；斯洛文尼亞於1991年宣布獨立，前身是南斯拉夫的加盟共和國Yugoslavia，斯洛伐克於1993年獨立，前身是Czechoslovakia；國旗顏色一樣，國徽不同。詳細的分別不是最重要的，最重要的是下次別人提起其中一個國家名字時，至少不會傻傻的分不清。

　　如果你愛山愛水、喜愛充滿綠色的城市、沒太多預算遊西歐，我會介紹你遊東歐，特別是斯洛文尼亞。我喜歡斯洛文尼亞多於其他西歐國家，因為斯洛文尼亞約有一半的面積被森林覆蓋，即使被發展成旅遊景點亦沒有變得過份商業化。純樸的大城小鎮、夢幻的湖泊、刺激的戶外活動、友善的當地人，都能夠在這裏找得到。

沿路幾乎四野無人，因為正常來説，沒有人會用步行的方式走這條漫漫長路。

我一個人在小鎮Cerknica逛了兩個多小時。

Story 1 一條鑰匙的信任

　　上飛機前往斯洛文尼亞前，我終於收到沙發主人Maja的回信，説可以接待我兩晚！本來已經打算抵達當天隨便住在青年旅舍，她及時的來信為我節省旅費，而且有機會一睹斯洛文尼亞人的家。充滿自由的旅行，就能換來這些經驗。你不能過早計劃自己去甚麼地方，亦不能太早提前預約青年旅舍，因為每秒都有變數，隨時有人突然可以接待你。

　　接待我的是一個自己住在盧比安納(Ljubljana)的當地女生Maja。第一天見面，我跟Maja相約在她公司樓下等。一個背包客站在寫字樓門前，感覺格格不入。然後，一個穿着紅色裙子、外貌斯文的女生走出來，我跟她四目交投後，她主動走過來示好，她就是我的沙發主人！

　　跟她寒暄幾句後，她很不好意思地跟我説：「對不起，我家裏突然有事，所以要立即到盧比安納旁的一個小鎮去。你想在市中心等我回家，還是跟我一起到小鎮？」由於我沒有電話或行動網絡，為免再次約見面麻煩，便決定乘坐她的車前往小鎮Cerknica。約十幾分鐘後，她便叫我下車在小鎮自己逛，而她則去處理自己的事。

　　就這樣，我把背包放在她車上，獨自被遺留在這個帶點荒蕪卻很美好的小鎮上，跟她約好五點在同一個地方再見。下車後，我一個人漫無目的地走，沒有Wi-Fi、沒有電話、沒有背包，剎那間不知道在哪兒，也不知眼前的路通向甚麼地方。那條路非常長，沿途只有花花草草，最近的咖啡店也在幾公里以外。雖然在烈日當空下走路很累，但那片天很藍，天空很廣闊，彷彿有種魔力能夠把身心的疲憊全都一掃而空。

在小鎮閒逛的幾小時裏，我確實有一刻擔心過Maja會一去不返，麻煩的不是我要重新找住宿的地方，而是要重新買回所有生活必須品。雖然貴重物品如金錢及護照我會隨身存放，但背包裏那些不值錢的衣物及日常用品一旦失去亦很傷腦筋。但我知道擔心是多餘的，始終沒有人會無聊到搞出那麼多事，只為偷一個背包，所以我決定全心全意享受小鎮的悠閒。到了五時多，我回到了約定的地方與Maja會合，她準時出現，我們便開車回盧比安納。

Maja一個人住在盧比安納，離市中心只有十分鐘步行距離，地理位置方便。她是個喜歡旅行的打工仔，在自己的城市她常常接待背包客，讓他們睡在客廳的兩張沙發床上。那張沙發床又大又舒服，感覺乾淨，是每個沙發衝浪客夢寐以求想睡的沙發床！

Maja每天早上七點就要起床準備上班，她為了不打擾我休息，在我們認識的第一天，便給了我她家的鑰匙，讓我可以晚點起床，自由出入她的家。被她這般信任，我非常感動。易地而處，如果我第一日才認識一個陌生人，即使家裏沒甚麼貴重物品，也很難完全放下戒心讓他獨自留在家中吧？但Maja與很多其他沙發主人一樣，擴闊了我對信任的定義。原來在沙發衝浪世界裏，旅人之間存在着這種絕對的信任，很不可思議。

我很喜歡與Maja的相處模式，在家時我們偶爾會泡茶，圍着餐桌以最輕鬆的姿態談天說地。我們互相訴說每天的行程，分享各自的旅行夢，對話內容無論有多天馬行空都不覺尷尬。可能正因為對方是位陌生人吧？互不相識的人之間反而可以暢所欲言，把心底話完全說出來。

留在Maja家的三日兩夜裏，我們晚上常常一起騎在街頭租借的單車到市中心，沿着盧比安納河邊聊天喝酒。兩岸盡是餐廳、咖啡廳及酒吧，在這裏散步帶給我一種悠閒自在的氣氛。整個斯洛文尼亞人氣最高的是首都盧比安納，不過她只是一個中小型城市，大概半日至一日已經能夠把盧比安納的重點探索完，所有景點都可以徒步前往。可是要真正感受盧比安納，不是一口氣把她走完，而是要慢慢走，或者跟當地人一起散步聽他們説自己的故事。

Maja住的地方。

客廳。

Maja準備好被單、被子及枕頭放在沙發上。

離開當天與沙發合照留念。

與Maja的合照。

送給Maja的禮物：從日本帶去的木筷子以及一張寫滿感謝説話的明信片。

晚上的盧比安納同樣熱鬧。

知名地標Dragon Bridge，橋兩端有四隻以青銅打造的
飛龍，它們默默守護着這個城市。

盧比安納處處可見龍的圖
案及裝飾。

盧比安納與龍的關係

　　盧比安納與龍的淵源甚深，龍稱得上是盧比安納的象徵及守護神，連盧
比安納市的市旗旗徽也有龍的圖案。據說龍的故事源自於希臘神話，故事中
的主角為了偷取寶物金羊毛，帶領一班船員到達盧比安納的沼澤，而當時保
護着金羊毛的就是飛龍。因此，你會發現橫跨在盧比安納河上的「龍橋」由
四條青銅飛龍守護着，成為了當地知名的地標。

Maribor小鎮景觀。

走訪盛夏小城

斯洛文尼亞值得去的地方，首都盧比安納和Lake Bled固然榜上有名，而其他沒怎麼被介紹的城市呢？或許寂寂無名，或許無人問津，但有人偏偏喜愛探索這些地方。只要沒期待，便不會失望。無論遇上甚麼，都能感到趣味盎然。

我隻身來到了斯洛文尼亞約有一星期，悠長的時間讓我可隨心所欲地漂泊。我以位於斯洛文尼亞中心點的盧比安納為落腳點，再乘巴士或拼車四處遊覽。剛巧有個住在斯洛文尼亞東北部城市Maribor的沙發主人說週末有時間可以接待我，我便立即坐拼車前往這個小鎮。Maribor是斯洛文尼亞第二大城市，但旅遊資訊不多，連拼車司機也很好奇為何我會有興趣到Maribor觀光。

沙發主人叫做Barbara，他們一家三口住在小鎮的近郊區，附近除了有條班次疏落的巴士路線外，便沒有其他公共交通工具，幸而這幾天他們主動開車帶我去不同景點。我們登上不高但足以俯瞰四周的小山丘、一起游泳、到河邊感受悠然的風，在這裏旅遊的每一天都過得好舒服。雖然並沒有到訪特別了不起的景點、沒有看震憾人心的大自然景觀，但這裏份外幽寂，遠離塵囂。當地人平凡的生活，正是我遠道而來的風景，雖是細水長流的平淡，也能走過萬水千山。平凡，可以很美好。「壯遊」並沒有想像中偉大，沒有人說「壯遊」一定要做些很厲害的事，旅行時即使做簡單平凡的事，只要能從中獲得力量就很好了。

我與Barbara相處初期，其實也有點尷尬。她是少言寡語，礙於年齡或興趣上的差距，我們的共同話題不多。很多時候我們都只是各自靜靜的看美景、閱讀、聽音樂。幸好爸爸經常跟我們一起行動，才能避免兩個人面面相覷的情況。正如人生，未必每次沙發衝浪都能遇上跟你投契的人，即便如此，如果能夠從中學習如何與不同性格的人相處，已經是很好的旅行與成長經歷。感受和消化各種情緒，一步步更了解自己。每次沙發衝浪的體會都不同，如果能學習或領悟到甚麼，就已經成為你旅行的意義了。

Barbara家的客廳。

我睡的沙發。

臨別當天，我默默地把寫給他們的明信片
貼在雪櫃上。

Barbara家後花園的環境很舒服。

好幾天Barbara都帶我游泳。

即使是市內最熱鬧的地方，也不會讓人感到喘不過氣來。

小城的大街上人不多。

我與Barbara的合照。

斯洛文尼亞精選旅遊景點

從盧比納城堡俯瞰美麗的盧比安納市區，橙色屋頂是當地的建築特色。

工作人員用心地扮演古代人物，透過對話讓遊客了解盧比安納城堡的歷史。

俯瞰市景 盧比安納城堡

　　如果想俯瞰盧比安納市區景觀，可以徒步或乘纜車上山前往盧比安納城堡，需要購買入場門票。喜歡研究歷史的話更可以參加導覽團，工作人員會換上古代服飾，在各個景點出現，以角色扮演的方式介紹這座城市的歷史文化。

Lake Bled漂亮的湖景。

遊客可以付費乘小艇到Lake Bled中央的小島。

著名湖泊 Lake Bled

　　形容享負盛名的Lake Bled為斯洛文尼亞最著名的地標一點都不誇張。很多遊客都慕名而來，想一睹湖中央的小島，以及島上巴洛克教堂的風采。湖水的顏色介乎於蔚藍色與翠綠色之間，湖水晶瑩清澈，畫面恍如仙境般夢幻又遙不可及。你可以沿湖散步、騎單車或登高觀賞完整的湖景。

Bohinj。

我沿湖繞了約三分一個圈，走走停停，累了便駐足欣賞恬靜的湖景，享受與自己對話的時光。

可以搭登山纜車登上山頂，欣賞Bohinj湖區的全景。

寧靜寫意的另一個湖區 Bohinj

　　Bohinj位於Lake Bled附近，雖然人氣不及Lake Bled，但我較喜歡Bohinj。Lake Bled遐邇馳名，人潮非常多，沒法好好親近大自然。Bohinj是斯洛文尼亞境內面積最大的湖泊，有Lake Bled三倍大，環境清幽寧靜，適合來這裏游泳、划船、健行、野餐等，讓人可以徜徉於大自然之中。

快樂之國：
丹麥 06

與Lis和可愛狗狗的合照。

Denmark

在這裏生活是多麼的輕鬆寫意，我們每天一起吃早餐、坐在露台工作、到超級市場買菜、準備晚餐、周末去一趟小旅行等等。每天晚上回到家，飯後活動都是散步、與狗玩耍、一起看電視、坐在露台看書等等。有晚我們更在後花園摘車厘子，我們邊吃邊摘，竟摘了三大桶車厘子，多到有點難以置信。

111

偏僻又神秘的小鎮

　　大學畢業後我沒有馬上投入社會，而是選擇了以沙發衝浪或租住青年旅舍的方式獨自旅遊，而畢業旅行最後一站，我來到了丹麥。

　　雖然我早就聽說過北歐物價昂貴，但沒想到原來真的貴得要命，對於窮遊的旅人來說，扣掉住宿費和交通費之後，剩下來每一日可用的錢所剩無幾。例如旅遊旺季時入住一晚哥本哈根的青年旅舍，一個床位至少需要二百多港幣。沙發衝浪自然變成節省住宿費的最佳選擇，可是所有窮遊旅人想法都一樣，要在哥本哈根這種旺區找一個有空接待我的沙發主人並不容易。幸好最後找到了一個住在離哥本哈根一至兩小時車程的沙發主人願意接待我。即使天南地北，只要能省錢、能認識新朋友、能體驗異國文化我都會想去。

　　瀏覽網上簡介，這次接待我的沙發主人是一對丹麥夫妻，約50多歲，之前只有兩三次接待外國旅客的經驗。我猜並非他們不想接待旅客，而是他們住的地方太偏僻，所以選擇他們作為沙發主人的旅人並不多。他們住的地方叫Gilleleje，靠海，位於丹麥最北部，附近沒有任何旅遊勝地，更不會有酒店。除非有朋友住在那裏，不然一般遊客應該不會踏足這個偏僻之地。離哥本哈根遠本來是「缺點」，但我反而覺得這是賣點，因為郊區生活純樸不造作，可真正代表丹麥。

　　約見面前我們在網上聊過幾次，大概協調好見面時間與地點。我與丹麥媽媽Lis相約在火車站見面，之後要怎樣去她家、我們如何相認等問題，完全沒有討論過。到達火車站後我四處找免費Wi-Fi聯絡她，但網絡不給力，加上媽媽剛好在忙，未能立即回覆我。有幾分鐘我真的害怕她會失約，那麼我便要立即找當晚住宿。這是我每次約當地人見面時，心中都會略過的緊張和不安，幸好最後Lis出現了。她剛下班，順道來火車站接我回家。

　　我們從哥本哈根出發，前往一個連坐火車也不會前往的神秘小鎮。從哥本哈根到她家大約兩小時車程，沿路是寬闊的道路、藍天白雲、森林、小屋、踏單車的人。丹麥沒有山，平坦的地形讓人感覺這個國度的每個角度都一望無際。越接近她家，「鄉村」味道越濃，周遭開始出現馬場、牧場、農場等。對他們而言平凡無比，但對我來說卻是最難能可貴的風景。

是冷漠還是熱情？

　　Lis給我的第一印象是有點冷漠，剛見面時話不多，就像典型北歐人般有點冷酷，很難猜透她心裏在想甚麼。相處不到十分鐘，她跟我説：「醜話説在前。我説話直腸直肚，不會轉彎抹角，希望你理解以及尊重我們的生活和家庭文化。」人與人之間的關係講的是配合及化學作用，聽到她這句話後，我反而放下心頭大石，馬上把我也不喜歡説的客套話拋到九霄雲外。她會這樣開宗明義是因為曾接待過一個日本人，而那個日本人説話常常曖昧不清，讓她感到難以觸摸，所以為免文化差異再次帶來言語上的誤會，她預先給我心理準備，希望我不用拘謹。

　　前往她住處途中，我跟她分享了畢業旅行的經歷、沙發衝浪的故事以及關於香港的二三事，而她就與我分享了她的工作、丹麥的風土人情與文化。正如大部分丹麥人，她也熱愛大自然，當初就是為了住近海邊而選擇了在丹麥最北部的小鎮置業。雖然離市中心很遠，但勝在房價較便宜，環境舒適，有種避世的感覺。

　　"Treat this like your home."車子行駛了兩小時終於抵達她家，踏進她家的第一步，她跟我説了這句話，讓在外無依無靠的我感動不已。放下了背包後，她帶我參觀家裏的每個角落，從車房、主人房、露台、後花園，到家裏的狗、廚櫃裏的食物等，都為我一一介紹，更再三提醒叫我隨意一點，把這裏當成是自己的家。

　　這間屋子對我來説幾乎是「豪宅」級數，有一幢兩層的建築及一幢平房，是我沙發衝浪有史以來入住過最豪華的屋子。Lis與丹麥爸爸Mads兩個人住在這裏，平房的房間本來是兒子住的，但兒子成年後就搬到哥本哈根，那個房間便用來接待世界各地的旅人入住。這次我既可以睡巨大的雙人床，又擁有屬於自己的套房，那刻我覺得自己是最幸運的旅人！

他們家附近的景致。

在家裏常常看到Lis和狗狗玩得
不亦樂乎。

我睡的房間，非常豪華。

從房間望出去的景觀。

客廳。

長形的露台。

　　北歐人外表冷酷，喜怒不形於色，但隨着每天相處，冷漠漸漸消失，看來Lis和Mads只不過是慢熱而已，要打破隔膜需要多點耐性與時間。除非有任何特別事，不然他們一般都會省錢回家吃晚飯，而飯桌是最佳的聊天場合。第一晚Lis跟我說了很多他們的故事，原來他們之前在河內工作過一年，那時候已開始接待旅人。我們還聊了許多關於旅行、丹麥文化、香港文化等，他們對香港沒甚麼認識，只知道大概背景，所以問了很多關於香港的問題，我盡能力逐一解答。每次有外國人對自己的城市感到興趣，我都很高興，畢竟香港不像日本或韓國在外國人心目中有明確深刻的印象。只要能令多一個外國人認識自己的家，便足以讓我感到開心了。

　　飯後她邀請我散步，那時我已習慣了歐洲人的夏天生活：吃完飯出外走走、曬曬太陽，而不是待在家看電視玩電腦。一出門，我已經被大自然包圍。這區附近都是平房，沒有高樓大廈，加上房子密度低，天空看上去特別遼闊，心情也豁然開朗。媽媽散步時有個習慣，就是會細心觀察沿路看到的植物，記錄它們的變化。我們邊走邊聊，話題主要圍繞花花草草的香氣和顏色。那刻感覺好夢幻，因為我一生人中好像沒跟任何人認真討論過「花」這個話題。

　　途中媽媽摘了幾朵花，在旁的我看得出她在摘花過程中有多快樂與滿足，而且原來她摘花，是為了裝飾我的房間，當晚我回房間時忽然看到本來空空的透明花瓶裏插滿了鮮花。媽媽還摘了幾朵奶白色的花，原來是接骨木花(Elder-flower)。如果你有細心留意，平日在香港IKEA餐廳可買到接骨木花果汁，便是由這種花製成。媽媽說這些花可以放心吃用，她把接骨木花沾上麵粉拿去炸，便是一道最天然的零食與飯後甜點。炸接骨木花味道清新宜人，帶點甜甜的花香，雖然我不喜歡用花做出來的食物，但接骨木花的味道很淡，教人容易接受。

　　雖然對Lis和Mads而言我是個外人，但他們毫不保留地在我面前揭開一頁頁的人生故事，帶我融入他們的生活。我們只不過認識了一天，但已像認識多年的朋友，甚麼都可以放心說，在他們面前我可以做回自由自在的自己。

她摘下了一些花，插在我房間的花瓶中。　　Lis正在採摘接骨木花。

接骨木花。

炸接骨木花。　　　　　　　　　　炸好的接骨木花變成金黃色，看上去十分
　　　　　　　　　　　　　　　　　可口。

看馬和鴨子。

從三天到一星期：看馬、逛森林

　　本來我只打算在Lis家留宿三天，但到了第三天，他們跟我說：「一般我們最多接待旅人三至四天，畢竟我們可能性格不合，亦不想花太多時間『照顧』他們。不過，如果你想的話，可以繼續住下去。」他們這樣說時，我很感動，因為他們真的視我為朋友，而不是一個單純來投宿的旅人。我真的很喜歡他們以及這個地方，便多住了幾晚，最後足足住了一個星期。

　　沒計劃的旅行就有這樣的好處，能自由自在地決定每一晚的住宿。這週中，我只有一天坐媽媽的順風車往哥本哈根觀光，其餘幾天都把時間花在他們住的小鎮及附近地區。我們探訪一些典型的旅遊景點，例如維京海盜船博物館、路易斯安那現代藝術博物館等，認識更多關於北歐歷史與設計。

　　不過，大部分最棒的旅行體驗都不是用錢買到。這次丹麥深度遊並沒有太多觀光，也沒有購物環節，有的是大自然和簡單的生活，而用心留意及欣賞生活細節正是北歐人的生活精神。這趟旅行，更像生活，從平凡生活中獲得的快樂是最原始和直接的感受。例如有天，難得出現藍天白雲，Lis便帶我去鄰居家看看他們的七隻馬、兩隻狗和一隻鴨，對他們來說是平凡不過的事，對我卻是難能可貴。這些經驗在香港難以獲得，在丹麥卻變成唾手可得。

　　鄰居有三個女兒，從小就在這片大草原長大，每個都懂得騎馬。於她們而言，一切都理所當然，她們反而很驚訝為何我這個外國人看到馬、草原、天空會那樣興奮，還到處拍照。我跟她們說：「在丹麥，天空是360度的。可是在香港，天空可以少於90度。」丹麥人的天空是如此遼闊，一個民族的文化及人的性格，跟環境有很大關係，丹麥人思想開明、有創意、科技以人為本、乾淨簡潔、不造作，一切都跟這片天空有關。

我與Mads及狗狗一起出發前往森林逛逛。

　　除了看馬，另一個非常特別的行程肯定是逛森林。這是我來到丹麥後受到的其中一個文化衝擊。「森林浴」一詞在日本流行已久，概念源自於神道和佛教的修行，意思是置身於林木間，與自然交流溝通，達到沐浴身心的效果，但我從沒真正在日本試過，來到丹麥反而有機會嘗試類似的體驗。丹麥沒有山，人們想親近大自然就要尋找行山以外的方法，逛森林就是其中之一。

　　每逢星期日，Mads都會開車帶狗狗到附近的森林散步，遛狗之餘自己也可放鬆身心，呼吸新鮮空氣，擁抱丹麥美麗的大自然。我有天跟他一起來到森林，森林裏路人寥若晨星，周遭都是充滿生機的植物。他一邊走，一邊向我介紹丹麥的生態環境與地形，讓我大開眼界，見識了許多。隨手拿起任何一種植物，他都能向我娓娓道出植物的名字與特性，難怪Lis曾經形容Mads為一本會走路的百科全書。

其實我很怕狗的

　　我曾經是個非常怕狗、怕動物的人，不過為了旅行、為了省錢、為了體驗，童年陰影還是要克服的。到了Mads家後，我才發現他們養了一隻狗。但為了避免破壞初次見面的氣氛，我選擇了冷靜應對，沉着氣跟狗狗互動。天知道當時我內心有多掙扎，對一個怕狗的人來說，跟狗狗互動並不容易。幸好他們家的狗狗真的很乖很可愛，說起狗狗我就好想念牠，也想起直到我離開那天，我才跟Lis他們坦承其實我很怕狗。他們很驚訝，然後說了一句"Travel changes you!"他們說得沒錯，這就是旅行的力量。雖然是小事一則，但對我來說意義極其重大。因為旅行，原來人會願意主動作出種種小改變與大改變。

後花園的車厘子樹。　　　　Lis認真地一粒一粒摘下車厘子。

　　在這裏生活是多麼的輕鬆寫意，我們每天一起吃早餐、坐在露台工作、到超級市場買菜、準備晚餐、周末去一趟小旅行等等。每天晚上回到家，飯後活動都是散步、與狗玩耍、一起看電視、坐在露台看書等等。有晚我們更在後花園摘車厘子，我們邊吃邊摘，竟摘了三大桶車厘子，多到有點難以置信。採摘車厘子本身不算特別，但是「跟他們摘」以及「在丹麥人家裏摘」才是重點，令這項活動增添了意義。過程平凡而美好，與他們一同做日常生活瑣事時，會忘記了自己正在旅行。我們去旅行時通常都是以第三身的角度去觀察異國文化，但沙發衝浪讓我以第一身融入異國文化，成為他們的一份子，以當地人的角度去感受生活。

晚飯日常。

早餐日常。

成為家庭一份子

　　第一次去丹麥的人應該都會去哥本哈根，有空餘時間的話才會再去Aarhus、Odense等著名小鎮。但在沙發主人家度過了美好的一週後，才深深明白到丹麥又豈止哥本哈根？又豈止美人魚像？又豈止是安徒生的故鄉？丹麥還有許多值得我們到訪的地方，這些冷門的地方未必能夠在一般旅遊書中找到，但我肯定都是充滿北歐色彩的好去處，例如森林、大海、牧場、馬場、海邊小鎮、北歐小屋、超級市場、博物館等。我看到的，是很多旅遊書上也找不到的簡約北歐風情。藍天白雲、清新空氣、浩瀚大海、以大自然為中心的設計與藝術品，這些才是最值得人留戀的北歐風景。

　　無論相聚有多快樂，還是有說再見的一天。在他們家待了一星期，最終，我還是要乘飛機回去香港。離開當天早上，Lis說想去超級市場，我便陪她出去。本來以為她想買些日用品，怎料她大費周章，就是為了買些傳統丹麥式麵包給我做早餐，為我餞行。雖然只是小事一樁，卻讓我非常感動，面對離別更顯得依依不捨。回港後，我跟Lis他們報平安，而他們的回覆更讓我熱淚盈眶：「謝謝你到訪丹麥。這幾天你好像已經成為我們家庭的一份子，我們每個人在彼此面前都可以做回自己，不拘謹不造作，不像接待某些其他客人般，令我們覺得要照顧他們，有時真覺得累人。」

Lis非常喜歡大海，每隔兩日便會去大海游泳，是她最喜歡的活動之一。

天氣溫暖時，我們會在花園吃飯。

要知道，西方人較獨立，對於人與人之間的關係比較沒那麼感性，離別得很乾脆，所以我收到他們如此真心的信息時，特別感動。也是的，除了香港的家，世上沒幾個地方能讓我自由出入、大概知道每個抽屜裏面有甚麼、冰箱的東西可以隨便拿來吃拿來喝、跟他們自然地坐在客廳對着電腦各自工作等等。旅行途中，朋友難求，像親人般的朋友更難求。但我找到了，謝謝Lis和Mads。

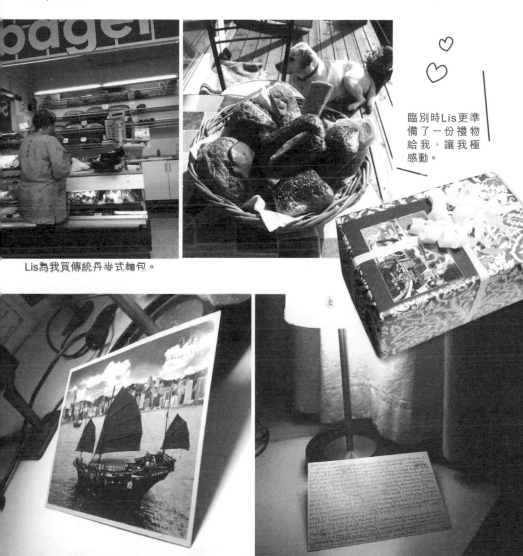

臨別時Lis更準備了一份禮物給我，讓我極感動。

Lis為我買傳統丹麥式麵包。

我寫了滿滿一張明信片給他們。

思想開明的丹麥人

沙發衝浪讓我見識了許多人，他們願意接待陌生人，某程度上已反映他們開明的思想，但這兩位與我父母差不多年紀的丹麥沙發主人，他們的思想與態度影響我甚深。

Lis的職業是人生教練，即指導別人如何活出自我價值的人生導師。我聽説過這種職業，卻是首次親身接觸。有時候她會外出出席工作坊，幫助待業人士找工作，或者留在家寫各式各樣的文章。不知道是她職業的關係，還是本性如此，她為人樂觀、思想正面，每次跟她聊天彷彿都能獲得正能量與勇氣。年近50歲的爸爸Mads最近就開始回到大學念傳理系的課程，希望成為一位記者。他説正因為年紀大了，才知道最想做的是甚麼，更要把握時間去追夢，因為再也沒有本錢去浪費時間在不想做的事情上了。

我非常欣賞他的決定，畢竟到了那年紀要重新讀書和換專業，相信並不容易。換着情況發生在香港，我猜他不會作出這個決定吧？香港講求效率與成本效益，50歲才換專業？而且想當記者？這個想法恐怕會被旁人笑説不切實際和愚昧吧。

我也很欣賞他們不介意讓當年年紀尚輕的兒子放了兩年gap year。Gap year這概念，相信很多人都聽過，但多數都是讓學生於大學時期或畢業後放自己一年假期，去一趟旅行或做自己想做的事。有人認為gap year是浪費時間，但Lis和Mads卻不是這樣想。他們前幾年曾經讓剛中學畢業的兒子放了兩年gap year，而那兩年時間，他只不過是在家附近的一間超級市場及其他地方打工，一方面為了賺錢，而另一方面是他需要時間考慮大學應該修讀甚麼學科，以及接下來的路該怎麼走。兩年後，需要在哥本哈根租房子的錢賺夠了，大學想讀的學科他也找到了。

如果事情發生在香港或日本的話，相信父母第一時間便是反對兒子在年輕時放兩年假，以免兒子「輸在起跑線」，太虧了。但認真一想，到底兒子要跟誰比賽？誰説勝利才是成功？勝利又能換來甚麼？人生就是要一直向前衝嗎？不能偶爾停下來看清楚身邊的風景嗎？再想深一層，其實最可悲的，不是父母不想讓孩子做想做的事，而是這個社會一直鼓勵大人及小朋友凡事都要拿第一，要做最好、最乖、最聰明的一個，輸了便會被社會淘汰。

兩位沙發主人的年齡大我一倍以上。我從沒想過我能夠跟這個年齡層的外國人成為好朋友。又或許我根本不曾視他們為朋友，而直接視為家人吧？北歐人爽直、思想開明、不造作、有想法、有主見，跟他們相處特別舒服和自然。在他們Facebook上，他們常分享關於快樂、社會問題、同志平權等內容的資訊。從他們身上，我反省了許多。說真的，旅人與旅人之間，不保持聯絡不會怎樣，反正大家身處不同國度，不用怕將來碰面覺得尷尬，因為碰面的機會極低。但跟Lis和Mads，那種感覺和關係很特別，因此很自然做到真正的保持聯絡。

　　我回到香港後仍持續寫明信片給他們，他們亦會常常關心我的工作及生活近況，一直支持我做自己喜歡的事，包括旅行、寫書及攝影。曾經再親近的人，不聯繫也會疏遠，而聯繫是靠雙方努力付出的。推心置腹的友誼，只要有心維繫，便不會因距離而感情變淡。

Hygge與快樂

　　要了解丹麥，一定要知道甚麼是Hygge。

　　黑色，常常讓人聯想到抑鬱與失落。那麼在黑暗之中，我們該如何尋找快樂？一直生活在香港的我從小就習慣和暖的天氣，去過北歐之後才重新定義何謂「冬天」。丹麥鄰近北極圈，長年受黑夜與寒冷天氣籠罩。在冬天，丹麥的日照只有七個小時。我從未想像過世界上某個角落的人民正過着這樣的冬日生活：早上七八點出門上班，外頭仍然一片漆黑，大約三點半，天又黑了。日復一日，每天面對這樣的情境，很難快樂起來吧？但偏偏，過着這種生活的丹麥人竟然是全球最快樂的人。丹麥媽媽Lis曾經告訴我：「一個人快樂與否，外在環境只佔一小部份，人的想法卻決定一切。」來過丹麥以後，我發現此言非虛。

　　即使每天的天氣都很惡劣，又冷又持續下雨，但他們很懂得在最壞的情況中享受最美好的小事物。例如他們每晚吃飯前都很重視一件事，就是點蠟燭，然後放於家裏不同角落，為夜幕低垂的晚上帶來一點溫馨的氣氛。或者有晚，外面下着微微細雨，我跟他們蜷在毯子裏看書、喝咖啡、看一套旅遊紀錄片，享受相聚的當下。或者在微涼之秋，我跟丹麥媽媽一起去哥本哈根街頭的cafe，坐在室外享受日光，蓋上一張毛絨絨的毯子，點一杯熱朱古力，就是最棒的午後享受。

用心感受小事物，把感動放大，原來會倍感快樂，這就是Hygge精神。Hygge這個丹麥字彙一度風靡全球，可勉強直譯為英文的cosiness，而中文則直譯為「溫暖、舒適、愜意、簡約」，跟台灣人所說的「小確幸」相類似。Hygge的深層意義是一種精神象徵、一種丹麥人共有的感受。它圍繞着簡單與美好的生活，能夠從咖啡、紅酒、食物、燭光、朋友相聚等小事物中獲取。

「在丹麥能做的事情很少，所以我們要習慣對一切事物別抱太大的期望。」Lis跟我分享這就是丹麥人快樂的秘訣。無論是對人或對事，只要不期望過高，便不會失望。苦樂有時，快樂與痛苦交織出複雜而真實的人生，永恆的幸福就是追求平凡，苦中作樂，樂不忘憂。人生其實就在苦樂之間，苦樂無常，最重要以平靜淡泊的心態去面對種種變化，才不會因環境而改變自己的心境。

Hygge就是找天和Lis在哥本哈根某間cafe享受一杯熱朱古力。

在家附近慢慢散步。

在丹麥人的家，蠟燭絕不可少。

九月的丹麥傳統聖誕大餐

旅人的浪漫，就是別人記住了你一句無關痛癢的話。

第一次認識Lis和Mads時，我曾經說過：「真希望找一年聖誕節去歐洲，體會當地家庭到底怎樣慶祝以及吃些甚麼。」我一直有個願望，就是希望能夠在外國過一次聖誕，因為香港的聖誕只是一個鼓勵消費、把大街小巷布置成紅紅綠綠閃閃亮亮的浪漫節日，我很想感受真正的聖誕到底是個怎樣的節日。我知道這個願望很難實現。在外國，聖誕是與家人普天同慶的大日子，要感受他們的聖誕，先需要認識當地家庭，再讓外國朋友當我是家人，亦要讓外國朋友的家人當我是家人，難上加難。

離上次在Lis和Mads家沙發衝浪已經兩年。在日本唸完碩士課程的我再次展開畢業旅行，這次的目的地是中歐幾國。旅程一共二十多天，行程並不緊湊。當時想過，難得來到了歐洲，是否應該坐廉航去一趟丹麥？我常跟Lis和Mads說：「我們總有機會再見。」但如果自己不做點甚麼，其實是不可能再見的。因此，即使旅行路線不順路，我還是決意買下從Budapest飛往丹麥的機票，把那句話實現。他們亦很興奮，說隨時歡迎我「回家」。不過，最令我欣喜若狂的是她仍然記得我漫不經心說過的話。Lis興高采烈地建議找一晚煮聖誕晚餐，即便是九月，即使沒有聖誕老人亦沒有聖誕樹的陪襯，仍希望我能感受一下丹麥的傳統聖誕大餐。

九月重訪丹麥，Lis在她家附近的火車站開車載我回家。兩年後重逢，見面時感覺依然親切，一個擁抱勝過千言萬語。如真正回家般，我仍然記得回家的那條路、那片草原和轉角的超級市場。一切都是那麼親切熟悉。回家後，我嫻熟地把背包放在房間，望向四周，家裏的擺設一切如故。這兩年好像甚麼都沒有改變過。這五天，我主要留在家裏跟他們生活，他們出門工作或購物時，我會坐順風車跟着走，順便到不同地方走走逛逛。其中一天，我們相約了在家中炮製是次旅行的重點：聖誕大餐！

125

當天中午，我們到附近的超級市場買各式各樣的食材，例如薯仔、豬肉、紅椰菜、杏仁等。回家後繼續準備食材，黃昏時便開始下廚，到晚上一起品嘗。當晚我們從零開始煮了肉丸(Frikadeller)、紅椰菜沙律、脆皮烤豬(Flæskesteg)、焦糖薯球、杏仁米布丁(Risalamande)等傳統聖誕美食。我很開心能夠參與整個製作過程，過程雖然費時費工夫，但換來的成果讓人極為滿足。兩個丹麥人竟然為滿足我的一己私心而無條件付出，一股暖意流淌我心。為了報答這兩位我視之如父母的人，之後一晚我用心地為他們包餃子及煮了一道中式菜，希望他們感受到我的心意和謝意。

Lis帶我到超級市場購買食材。

紅椰菜沙律 。

準備脆皮烤豬。

脆皮烤豬是丹麥聖誕晚餐中常見主菜。豬皮燒得焦黃脆嫩，口感像薯片般香脆。烤豬肉香氣四溢，配上濃厚的肉汁，吃一片已經飽足感十足。

炮製杏仁米布丁。

杏仁米布丁是傳統丹麥甜品，以米作為原材料，加上碎杏仁、牛奶、雲尼拿莢、糖、奶油等等，吃時淋上酸酸甜甜的車厘子醬。

Finish!

丹麥式聖誕大餐。

焦糖薯球是一
種加入大量砂
糖及牛油煮出
來的薯球，外
皮很脆很甜，
卡路里很高。

勞累了大半天，終於可以開餐。

為答謝他們的聖誕大餐，第二晚我為他們包餃子。

129

十二月聖誕家庭聚會

　　九月吃過一頓豐富的聖誕大餐後，我已經心滿意足。誰又想到於同年十二月聖誕節期間我因為工作關係又有機會重訪丹麥？通知了Lis和Mads後，他們好像比我還要興奮，邀請我再回他們家住，一起慶祝真正的聖誕。雖然十二月的丹麥冷森森，但心裏盡是溫暖和窩心的感覺。聖誕節在西方國家是極之重要的節日，一家大小聚首一堂，共度天倫之樂。被邀請到他們親人家裏一起慶祝聖誕，讓我很快樂，那種感覺跟邀請別人來自己家過年一般親密吧？被人珍惜，讓異鄉旅人特別感動。

　　下機後，我們相約在哥本哈根的火車站見面。第一站，他們立即帶我去感受聖誕氣氛超級棒的Tivoli遊樂園。園內充滿聖誕樹及聖誕燈飾，雖然冬天的丹麥寒風刺骨，但周圍的歡樂笑聲及溫馨氣氛讓溫度升溫。我們沒有玩任何娛樂設施，只是在園內逛了幾間賣聖誕裝飾的小店，坐在咖啡店喝杯熱茶，觀賞園內燈飾，感覺很Hygge。

他們帶我逛充滿聖誕氣氛的Tivoli遊樂園。

　　之後兩天，Lis都忙着購買日常用品、聖誕禮物及佈置家居，感覺就像香港人過農曆新年忙着辦年貨般忙碌。由於聖誕節時大家都休息，幾乎沒有商店會於聖誕節期間營業，所以她要趁着聖誕節前夕購買一些生活必須品。

十二月二十四日，下午四點左右我們便出發前往Lis妹妹的家。他們聖誕節的習慣是與Lis的家人慶祝，包括Lis的父母、妹妹及其家庭，而今年更多了我這個陌生人參與。Lis的家庭成員全都能說流利的英語，大家都對我很親切，主動跟我聊天問好，與他們相處非常自在。聖誕大餐由Lis妹妹一家準備，其餘的人就在客廳坐在沙發或地毯上一邊喝着香料酒(Glögg)，一邊聊天。大部分時候，他們都以丹麥文聊天，而我則獨自享受那種聖誕氛圍，雖然我完全不懂丹麥語，但有種感覺早已超越所謂的語言不通。

雖然我已經吃過一次丹麥的聖誕大餐，但畢竟那時候是九月，沒有太濃烈的聖誕氣氛，所以今次的感覺很不同。而且，這次我終於可以體驗一個吃杏仁米布丁時會玩的傳統小遊戲。杏仁米布丁裏會放有一顆原粒杏仁，而吃到原粒杏仁的人就是勝利者。他們的習慣是吃到最後才告訴大家自己是贏家，所以即使吃不到原粒杏仁的人，都會裝作自己吃到原粒杏仁，跟別人鬥演技，非常滑稽，不到最後一秒也不知道誰是真正的幸運兒。

吃過晚飯後，大家圍着聖誕樹，手牽手跳舞和唱聖誕歌。由於一年才唱一次聖誕歌，他們常常唱到一半便開始爭論誰唱的歌詞是正確的，還認真到會上網尋找歌詞去確認誰對誰錯。最後終於到了拆禮物的環節，甚麼都沒準備的我本來只打算當個旁觀者看他們拆禮物，他們輪流互相送禮物時，突然有人給我遞上了禮物。禮物上的下款是Mrs Santa Claus。大家都故作神秘，裝作不知道誰是Mrs Santa Claus。拆開禮物後，發現禮物上寫的全是丹麥文。坐在旁面的婆婆跟我逐字解釋裏面的禮物，原來是一包浴鹽與護手霜套裝。這時我才知道誰是貼心的Mrs Santa Claus。今天是我第一次跟婆婆見面，想不到她竟然早有準備，預備了禮物給我，教我感動不已。婆婆很可愛，其他家庭成員也對我很好，視我如家人般照料，讓我非常感激。這種旅行帶來的「親情」，比一切都要珍貴。

平安夜我們在家製作杏仁朱古力。

Lis妹妹的家。

吃飯前先喝一杯香料酒。

真正的聖誕大餐。

脆皮烤豬登場，讓人垂涎三尺。

烤豬肉超級好吃，皮非常脆。

甜品：杏仁米布丁。

丹麥人會在聖誕樹上點蠟燭，很有情調。

他們全部人 邊圍着聖誕樹走，一邊唱聖誕歌，氣氛溫馨。

我總共收到兩份聖誕禮物！

Mads一家人送我一本關於丹麥開口三文治的書。

第二天，Lis的家人來到Lis家共聚午餐，食物內容依舊豐富。

夢幻聖誕小屋

　　平安夜當天，他們除了帶我去參與家庭聚會，更帶我到訪一個親人的家。這個親人是一個95歲的婆婆，Lis事前已經多次說我一定要去，因為我一定會喜歡。婆婆的家位於丹麥偏北，屋子附近是一望無際的草原，我會形容這個位置為Middle of nowhere，因為我完全沒概念自己身處甚麼地方。

　　這樣，更像一個夢。有機會去到這種旅遊書上沒記載的地方，是我旅行的意義。老婆婆雖然95歲，但仍然很精神很有活力。她的興趣是烹調和收藏Nisse。簡單介紹一下，Nisse是北歐人聖誕的重要標誌，地位類似聖誕老人。只要好好對待Nisse，他們便會保護家庭，是一個守護精靈。傳說中他們只喜歡吃加入牛油的Porridge，所以有些人會在家中留下一碗Porridge給他們吃。不誇張，Nisse散佈在婆婆家裏每個角落，是每個角落！去年有人幫婆婆計算過，她的家裏總共收藏了八百幾個Nisse。她見我那麼喜歡她的收藏品，便送了我一張照片、郵票和一個小Nisse，令我相當感動。

　　除了Nisse，婆婆還喜歡收藏其他小玩偶，在二樓有個玩具屋，裏面放滿迷你玩偶和模型。打聽之下，才知道從那個玩具屋，到裏面的小燈、電線連接等都是婆婆一手一腳砌成。所有擺設都非常仔細，極度講究耐心。最後，當然少不了飯後的小茶點、咖啡、曲奇、Waffle，全是老婆婆做的。傳說中的丹麥曲奇，我開始懷疑真有其事，因為她做的曲奇完全就是藍罐曲奇的味道。

　　作為一個對於聖誕節向來沒甚麼感覺的旅人，這趟旅程真的令我大開眼界。一切都太像夢境了。

家裏有許多Nisse。

他們一家人正在享受天倫之樂。

充滿節日氣氛的紅色餐桌。

這些曲奇由老婆婆親手做的。

她弄了很多件Waffle，不過口感跟我想像中有點不一樣，都是脆的。

丹麥經典美食

很多人以為丹麥只有藍罐曲奇,但丹麥著名的食物又豈止藍罐曲奇?一般去歐洲旅行,為了省錢我會以麵包充飢,即使北歐物價貴,在超級市場買麵包還算是便宜的。如果可以沙發衝浪,我便有機會品嘗真正的在地美食。丹麥的食物比我想像中豐富,這趟旅程我在Lis家吃了不少從未吃過的食物。

朱古力薄片。

朱古力薄片
(Pålægschokolade)

朱古力薄片對我來説是食物文化衝擊,雖然理論上只不過是一片朱古力,但它的吃法教我大吃一驚!大部分歐洲國家都有塗麵包用的朱古力醬,但朱古力薄片夾麵包應該是丹麥獨有的吃法。

一盒約22.5DKK(DKK即丹麥克朗,是丹麥的法定貨幣)。

開口三文治
(Smørrebrød)

開口三文治是丹麥人的傳統午餐。一般我們吃的三文治由兩片麵包夾着各式食材,而開口三文治則只有一片麵包,塗上一層牛油後,上面再放滿餡料,例如肉類、海鮮、蔬果、芝士、生菜等,種類多達一百種以上。

簡單自製開口三文治。

位於哥本哈根美食市集Torvehallerne的開口三文治店。

丹麥有一種黑漆漆的國民糖果，叫甘草糖，普遍程度幾乎全國隨處可見。Lis家裏也放有幾包甘草糖，還跟我說來丹麥怎可以不試試這個美食。喜歡美食的我滿懷期待，拿起甘草糖放入口中，一股中藥味直湧喉嚨，再咬一口，五官開始扭曲，忍不住想把口裏的硬糖吐出來。看到這滑稽的場面，他們笑得不亦樂乎。他們勸我不想吃就不要勉強，因為他們知道甘草強烈的味道不是常人能輕易接受。

丹麥有形形式式的甘草糖，加了糖的、兩倍鹹味的、包了朱古力的等等。我在丹麥努力了一星期，每天嘗試一種甘草糖，想要了解他們的口味。終於，我慢慢接受了甘草的味道，離開丹麥前的晚上還主動買了一大盒甘草味的雪糕，嚇了Lis一跳。如果你也想學習如何接受甘草，個人推薦可以先試包了朱古力的甘草糖，再試容易入口的甘草味雪糕，最後才挑戰最經典的甘草糖，要一步一步來，才會適應那味道，慢慢像我般對甘草糖上癮。喜不喜歡吃當地食物其實不重要，當地人會明白的。不過，如果你願意主動嘗試去吃的話，當地人肯定會更高興。

超級市場有多種口味的甘草糖。

我在丹麥的博恩霍姆島沙發衝浪期間(見下一章)，沙發主人Stine主動買了一盒包裹着朱古力的甘草糖，然後急不及待想讓我試吃。

包裹着朱古力的甘草糖。

甘草味雪糕。

137

哥本哈根及周邊精選旅遊景點

美人魚雕像。　　　　美人魚人滿為患。

來自於安徒生童話 美人魚(Little Mermaid)

　　美人魚雕像是哥本哈根著名的觀光景點，位於哥本哈根的長堤公園。「小美人魚」出自安徒生童話，之後由丹麥雕塑家打造，吸引了無數遊客前來觀光。

色彩繽紛的建築，形成了新港最美的風景。

明信片上的風光 新港(Nyhavn)

　　新港應該是繼小美人魚後最著名的哥本哈根景點。新港是一條人工運河，亦是個繁忙的港口，兩旁停靠了許多遊艇及船隻，而兩岸色彩繽紛的建築是明信片上常看到的畫面。附近有許多餐廳及酒吧，無論甚麼時候前往都非常熱鬧。

古時維京戰船 維京船博物館(Viking Ship Museum)

　　維京船博物館位於丹麥古都羅斯基勒市(Roskilde)，離哥本哈根車程約25分鐘。博物館展示了一比一等比例的傳統維京船，即是古時維京人的戰船。船隻保存完好，館內還介紹了維京文化、航海歷史等，讓人大開眼界。有興趣的話，更可在館內試穿維京人的古時服飾。

某些展品可以讓人親身登上船體驗。

博物館附近有些獨立工作室用作建造小型船隻。

館內展示了一比一等比例的傳統維京船。

嘗試穿上古時維京人的傳統服飾。

木材是建造維京船的材料。展品標示着樹木年紀的年輪。

博物館的建築線條簡潔優雅，充滿北歐特色。

參觀時正進行草間彌生展,當
然少不得著名的圓點圖案。

Lis跟我一起遊覽這個藝術館。

藏品豐富 露易絲安娜當代藝術館
(Louisiana Museum of Modern Art)

這是個讓人想一去再去的藝術館。館內展品豐富,代表了丹麥的當代
藝術觀,展品會定時更改,而我前往時正舉辦草間彌生展。館內除了展品
精彩,藝術館本身也是藝術品,建築利用了自然地形,設計與自然融為一
體。無論在館內參觀或是館外閒逛,都讓人心曠神怡。

The Royal Library。

令我深深着迷
丹麥皇家圖書館
(The Royal Library)

丹麥皇家圖書館為該國的國家圖
書館,說不上是旅遊景點,但我深
深被它的建築與設計所吸引,因此花
了半天時間在裏面看書與觀賞內部建
築。整棟建築物由黑色玻璃打造,但
外牆並不是垂直面,而是斜切的切割
面,河水的倒影會反映在玻璃窗上,
故有「黑鑽石」之美名。

城堡前的腓特烈堡花園。

花園的綠草濃密柔軟。

腓特烈堡。

北歐凡爾賽宮 腓特烈堡(Frederiksborg Slot)

腓特烈堡位於丹麥北部Hillerod,有「北歐凡爾賽宮」之美譽。除了
巍峨的建築,城堡前的腓特烈堡花園(Frederiksborg Castle Gardens)也是其
中一個最精彩的部分,呈現了平衡對稱之美。

避世小島：
丹麥 🇩🇰
博恩霍姆島

07

我與Stine的合照。

Bornholm

島上人民都很熱情友善，即使我只是買張明信片、買杯咖啡，他們都會笑容滿臉地跟我問好，整個氛圍令我感覺溫柔，而且與世無爭。

博恩霍姆島最不缺的就是漂亮的大自然。

踏足度假勝地

每座島嶼都有各自的風景。

停留丹麥在Lis家當沙發客時，有幾天我到了一個地方。丹麥有個地方非常吸引我，就是博恩霍姆島(Bornholm)這個小島嶼。歷史上曾由丹麥和瑞典交替統治，現由丹麥管轄，但地理位置更靠近瑞典、德國及波蘭。要前往這偏僻的小島，可以從哥本哈根機場坐飛機，或者從瑞典的Ystad乘船前往。博恩霍姆島的人口只有約四萬人，由於地理上的不便以及職位空缺不多，近年人口有下降的趨勢。夏天時這裏較熱鬧，因為日照時間比丹麥其他地區都長，加上擁有漂亮的沙灘，北歐人民或旅客都喜歡前來這個溫暖又美麗的小島度假。對我而言，這杳無人煙之處是避世的最佳選擇。

不過，獨自去博恩霍姆島的唯一壞處是住宿費會很貴，因為島上大部分住宿都是讓人來度假及享受的酒店或度假屋，沒有青年旅舍這種便宜住宿，所以我嘗試以沙發衝浪的方式，看看有沒有沙發主人可以接待我。島上人口本來就不多，沙發主人數目更是寥寥可數，再加上當時正值夏天，更難找到沙發主人。不過，我還是發了住宿請求給一個沒甚麼旅人住宿評價的當地女用戶，決定賭一賭運氣，反正沒有回覆的話便再訂其他住宿，甚至不去博恩霍姆島了。沒有計劃的旅行就是自由度大，不用擔心被擬定好的計劃綁住。

過了兩天，沙發主人Stine答應接待我兩晚。我不假思索地買了一張從瑞典Ystad出發的船票，翌日便坐船前往博恩霍姆島。船程只需一個多小時，下船後，大部分人都走向停車場或租車處，只有我跟幾個人走到巴士站乘巴士。沿途盡是原野和海，景觀遼闊得令人難以置信，有種做夢的感覺。在約定見面的巴士站下了車，我留意四周是否有沙發主人的蹤影。我注意到巴士站旁站着一名貌似在等人的女士，但我不敢斷言她就是我的沙發主人。雖然有所猶豫，但我還是鼓起勇氣上前跟她說一聲"Hi"，眼神對上後，她立即說出我的名字，看來她就是我的沙發主人Stine！

瑞典Ystad碼頭。

由於瑞典百物騰貴，坐船時我寒酸地拿出了
這條白麵包一片片地吃。其他人花錢來博恩
霍姆島好好享受，但我這個背包客要省錢去
更多地方，不得不控制自己的口腹之欲。

從瑞典坐船到博恩霍姆島。

坐船沿途的風景。

抵達博恩霍姆島，我在碼頭附近的巴士站
乘車找沙發主人。

乘巴士時，只看到純樸的大自然。

除了自駕遊，還可以選擇騎單車環島。

博恩霍姆島的紅磚屋頂景觀非常有
特色。

周圍都可以看到動物，例如可愛的
小白兔。

很多人在海邊盡情享受盛夏陽光以
及汪洋大海。

Stine的家。

客廳。

廚房。

令人舒適得不想離開
的後花園。

附近的民居都是以黃色及
橙色為主色。

Stine第一晚為我準備的
晚餐,主菜有新鮮的三
文魚,普通煎一下已經
好好吃。♡

還原基本生活

　　Stine是丹麥人,約三、四十歲,在博恩霍姆島獨居,家中有多餘的客房,加上自己也有時間,便決定接待我這個外國人。見面後她便帶我回家放下背包,那時大約是晚上六時半,正好是晚飯時間,她跟我說:「你來之前我已經煮了晚餐,我們一起吃飯吧!」原來熱情的她當天早就為我準備好晚餐,只等我來到便一起吃飯。我知道旅途上遇到好人好事都不是理所當然,一定要懂得凡事知足,其實只要有人願意接待我,我已經覺得很幸運。這次更遇上了喜歡烹飪和不介意分享的沙發主人,我只能形容自己為超級幸運!

　　我們在她家的後花園一邊享受陽光,一邊品嘗她做的飯菜。這個後花園的面積跟室內範圍一樣大,後花園除了是個很好的用餐地方外,亦是一流的閱讀場所。我住在她家的幾天中,有事沒事都會走到後花園曬曬太陽,呼吸新鮮空氣。從前的我很不習慣在室外吃飯,怕太陽曬、怕有蚊子咬、怕冷、怕熱等等,理由有很多,但在外國感受過大自然的美好後,我也愛上了在戶外用餐,更何況我來到了如此美妙的環境中,怎會不爭取每分每秒,盡情享受博恩霍姆島的大自然風光?

吃過晚飯後已經八時許，但七月的博恩霍姆島依然烈日當空。長長的日照時間將人的生理時鐘自動往後推移，讓人誤以為一日的時間變長，時間彷彿更好運用。北歐人絕不會浪費一分一秒的陽光，需要在夏天盡可能儲存好陽光的能量來抵禦漫長的寒冬。我們於日落前到了附近的地區散步，悠閒地感受小島風情。

　　我偏愛島嶼，像香港的坪洲、日本的江之島、韓國的濟州島，都充滿獨特的島嶼風情，擁有秀美的自然風光，最重要的是島嶼被大海圍繞着。小島四面臨海，無論走到哪裏都看到海，博恩霍姆島的海灘數量更是繁多。海納百川，浩瀚無邊的大海容納了世間許多風風雨雨。海風輕拂，我跟Stine坐在岸上，光着腳感受溫柔細膩的海水，心情無比舒暢。

　　在博恩霍姆島，沒車代步的話會很不方便。幸好在接下來的幾天，Stine主動開車邀請我一起探索這個小島，我才有機會在這段旅程中到訪如此多的地方。我們主要探索了博恩霍姆島的北部，到訪了Hammershus城堡遺址、幾座圓教堂、海港等。島上人民都很熱情友善，即使我只是買張明信片、買杯咖啡，他們都會笑容滿臉地跟我問好，整個氛圍令我感受到這裏的溫柔，而且與世無爭。另外，居民一心致力保護大自然環境，島上的小店都是有個性的小店，提供各種有機食品、美味海鮮、精美藝術品、手工藝品等，全部都簡單不做作，回歸自然，保留原始的北歐風情。與當地人Stine一起生活的這幾天，相處也很自然。或許因為她習慣了一個人住，所以有點獨立，即使我們靜下來沒說話也不覺尷尬，各自做自己的事，沒有壓力。

　　這次的沙發衝浪讓我感受到生活的最基本：最基本的生理需要、最基本的大自然、最基本的人與人之間的交流、最基本的快樂。在丹麥旅行，就是要把生活還原到最基本，把你一直認為理應當然的娛樂拿走，把你一直忽略的更清楚地展現你眼前。

　　博恩霍姆島之於我已不再是一座孤島，而是一個充滿回憶的島嶼。

我帶了一個即食麵在Stine的家煮來吃，以解那麼多天沒吃辣之愁。

島上大部分活動都是以享受大自然為重點。

在大自然中突然找到一閒咖啡店或酒店，便買杯酒坐下來閒聊、感受自然風光，非常愜意。

我與Stine的合照。

我送給Stine的明信片。

小島經典美食

　　島上的海鮮一絕，沙發主人極力推介我要試試島上一間叫Allinge Røgeri ApS的燻魚餐廳。餐廳是自助餐形式，每人大約HK$100多就能吃到多種丹麥的魚料理，所有魚，包括鯡魚、三文魚、鰻魚等都用木材煙燻而成，極具特色。

各式各樣的沙律。

Allinge Røgeri ApS燻魚餐廳。

丹麥料理中少不了的裸麥麵包、黑麥麵包等。

除了燻魚也有炸魚。

以魚類為主的豐富午餐。

Hammershus城堡遺址。

小島最北 Hammershus城堡遺址

　　Hammershus城堡遺址位於博恩霍姆島的最北端，聳立於峭壁之上。城堡歷史可追溯到13世紀，它本來是一座教堂，宗教改革後獻給了國王。它是北歐中世紀最大的防禦工事，在中世紀歐洲的多次戰爭中發揮了重要的防禦作用。

古時的槍眼用來觀察敵情，現在則用來欣賞美景。

圓教堂。

感激Stine駕車載我到了兩間圓教堂參觀，當天天氣非常好，那無盡的藍顯得天空特別遼闊。

作為軍事堡壘 圓教堂(Rundkirke)

　　全個丹麥共有七座中世紀圓教堂，其中四座位於博恩霍姆島。圓教堂除了是教堂，亦作為抵禦外敵的軍事堡壘。雪白色的牆有兩米厚，牆上都留有槍眼，是古代軍隊用來觀察敵情和作射擊之用，而頂上是黑色的圓錐形屋頂。

08 像雲煙一樣輕淡的生活：
荷蘭二

與沙發主人Anne合照。

　　到公園後，她拿出野餐墊、朱古力及餅乾，一切準備就緒。公園裏聚集了許多年青人，大家都坐在草地上欣賞大自然，享受與朋友共聚的歡樂時光。

當晚我住的閣樓房間。

住在當地大學生的家

　　女生較易找到女性沙發主人，這是二十多次沙發衝浪經驗的總結。畢業旅行最後第二站，我在荷蘭的阿姆斯特丹找到一名願意接待我的當地大學生。

　　沙發主人叫Anne，在阿姆斯特丹大學修讀牙醫科，與許多當地大學生會租屋一樣，她獨自在市中心租了個小小的單位。見面當天，我們約在巴士站相見。才剛下車，便有人大聲喊我的名字。我轉過頭一看，一個滿臉笑容、眼睛又大又烏黑澄亮的女生向我揮手，打破了初次見面的尷尬。跟許多沙發主人一樣，她也是一個喜歡聊天和旅行的人，相處一會兒已讓我感到非常自在。她首先帶我到她家放下背包，雖然就歐洲一般大小的單位而言，她租住的地方不算大，但一個人仍絕對綽綽有餘。

　　之前曾經提過，不同沙發主人有不同習慣。有些沙發主人會讓客人自由出入，甚至給他們後備鎖匙，而Anne就是另一種沙發主人，不放心讓陌生人獨自留在她家，所以見面當天她就跟我說，每天當她早上七八點出門的時候，我也要跟着出門。雖然早起是種折磨，但我能理解她的心情，亦明白這是人之常情，畢竟她沒有必要冒險相信一個陌生人。當沙發主人，保護自己的家也很重要。

　　我睡的地方是閣樓，小小的房間有一張單人床，感覺有點陰森，但當然我沒有資格介意，有地方落腳已經很好了。每當我萌生這種較負面的想法時，我都會不禁想：「究竟沙發衝浪的意義是甚麼？」明明便宜的住宿選擇有那麼多，為甚麼要「屈就」自己寄人籬下？沙發衝浪與其他住宿方式最大的差異，在於前者你需要花心思去融入、了解及尊重對方的家庭文化，而後者你的身份只是個住客，大可以選擇活在自己的世界裏，不必刻意跟任何人打交道。大概沙發衝浪的意義，在於它給予你一個機會放下身段，尊重別人的文化及價值觀，暫時忘掉你擁有的，從零開始適應新生活。

享受大自然的歐洲人

　　整理好背包後，我從閣樓走到下層的大廳。Anne問我要不要一起出去走走，我當然説好。起初我還以為她會帶我到那些典型的旅遊景點，但我大錯特錯了，原來她想帶我去附近的公園。到公園後，她拿出野餐墊、朱古力及餅乾，一切準備就緒。公園裏聚集了許多年青人，大家都坐在草地上欣賞大自然，享受與朋友共聚的歡樂時光。在草地上，即使甚麼也不做，呆坐半天也很舒服。歐洲人愛大自然的程度，讓初訪歐洲的我感到十分驚訝。夏天時好像只要有太陽，就會看見很多人坐在公園或路邊喝咖啡或啤酒，放下手頭上的工作，享受當下的陽光才是正經事。

　　那種打從心底流露的悠閒與寫意是裝不出來的。我曾經問Anne一個很幼稚但我真的想不明白的問題，就是：「為何你會那麼喜歡大自然？」她的回答是：「大自然無盡無私，有種溫柔的力量。」我抬頭望上天，發現眼前的天空與自己的宇宙好像變得更遼闊了。

綠意盎然的公園聚集了
不少年輕人相聚聊天。

Anne為野餐準備了
簡單食品。

　　折騰了大半天，我們都餓了。好客的Anne邀請我跟她的大學朋友一起在家煮充滿荷蘭風味的午餐。Anne與她的兩個朋友約在超級市場買了麵粉、雞蛋、煙肉、糖漿等，原來是打算做荷蘭班戟！荷蘭班戟的特色是煎得很薄很脆，夾餡甜鹹皆可，不過比我們一般吃到的班戟薄幾倍，所以要吃幾塊才會有飽足感。

　　吃飽後，她們踏單車載我到一間當地大學生常去的河邊酒吧，我們喝酒聊天，彷如早已認識的好朋友般，令我由衷地感到高興。每次沙發主人邀請我一起下廚，或介紹朋友讓我認識，我都感到很窩心。旅行不只是為了觀光，要感受一個城市，最實在的方法是走入當地社區，走進當地人的家，感受他們的生活。當然，沒有人會喜歡自己的生活被外人「侵入」，但如果那種親近是善意的話，我相信當地人會很樂意帶你融入他們的生活。

我們在超市買了麵粉、雞蛋、煙肉、糖漿，準備好煮荷蘭班戟。

Anne與她的兩個大學朋友。

加了薯仔的荷蘭班戟。

我在Anne家的合照。

與Anne一起逛街。左邊的建築是一間cafe
兼酒吧。當地人買杯飲品隨興地坐在岸邊，
氣氛放鬆。

阿姆斯特丹有多條運河，當地人很喜歡拿着
三文治或買杯咖啡，坐在運河旁慢慢享受美
景與美食。

我與Anne的合照。

臨別當天，Anne百忙之中抽空與我一
聚。我們在家附近逛了一會兒，最後
在超市買了盒車厘子及餅乾坐在運河
旁邊吃邊聊天。感謝一個善良的陌路
人走到老遠為我們拍下這張合照。

單車文化

　　單車文化在荷蘭很普遍，是主要的代步工具，平均每個荷蘭人擁有兩輛
單車，一輛上班通勤用，另一輛假日休閒時用。來到荷蘭，雖然我沒有單
車，但就坐過沙發主人的單車兩次，一起去野餐及去cafe，單車彷彿是社交
活動必備的交通工具。所以，在荷蘭踏單車很方便，有清晰的指標、平緩的
道路、專屬的車道與交通燈，而且荷蘭的交通法規會將單車列入優先考量，
難怪是單車車手的理想國度。

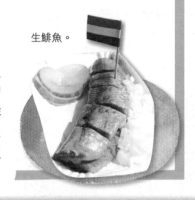

荷蘭經典美食

#Food Menu

芝士球。

芝士、芝士球

荷蘭農業發展蓬勃，盛產奶類製品，包括芝士，其中Edam這個小鎮更是著名的芝士出產地。圓碌碌的黃色球體是包裹了一層黃色膠紙的芝士球，稱為Edam Cheese，味道較清淡，有果香味。

生鯡魚(Raw Herring)

來到荷蘭，一定要吃生鯡魚！縱然歐洲人沒有吃生魚片的習慣，但荷蘭人卻有這個習慣，而且是當地特有的美食之一！點一份生鯡魚，會配上生洋蔥以及醃黃瓜，一口吃下這三樣東西，魚的鮮味、生洋蔥碎的辣味、醃黃瓜酸味混合在一起，味道鮮甜，非常好吃。

生鯡魚。

荷蘭精選旅遊景點

#Tourist spots

遊船聚集在碼頭旁。

遊船兩側和頂棚由透明玻璃造成，視野廣闊，而且不用怕下雨。

運河旁的一排建築。

推介乘船遊覽 阿姆斯特丹

　　一個人旅行時，我通常很少花錢乘船遊覽一個城市，但沙發主人Anne極力推薦我乘搭遊船，而阿姆斯特丹的確以運河聞名，所以我便花了€11一個人坐遊船，體驗運河之美。一小時的船程途經中央車站、象徵着富有地段的黃金轉彎(Gouden Bocht)、瞭望塔Montelbaanstoren、NEMO科學博物館等等。拉開一點點距離欣賞阿姆斯特丹運河旁的一排建築，畫面更全面和完整。

　　阿姆斯特丹的房子設計都很特別，外形高瘦窄長。這是因為以前阿姆斯特丹的房屋稅不是以房子的面積計算，而是以寬度計算。為了少繳付一點稅款，當地人便把屋子的寬度設計成如此狹窄。細心留意的話，會看到房子的頂端有個大勾，這是為了把家具勾住，然後再逐件從窗外吊進去房子內。

漁村小鎮 Volendam

　　位於芝士小鎮Edam旁的Volendam以古老的漁村、木造房屋聞名，發展觀光旅遊業後成為商業小鎮。雖然變得商業化，但鎮上傳統漁村的建築風格，以及漂亮的海洋依然吸引我前往。慢慢逛的話，不妨安排一日探索這個小漁村。

Volendam。

環境清幽。

雖然小鎮吸引了許多觀光客前來到訪，但走遠一點還是能找到寧靜又空氣怡人的環境。

荷蘭傳統漁村建築。

156

在香港再遇：
我第一次
當沙發主人

帶Anne吃點心。

用鉤子吊起的叉燒、燒鵝、燒鴨，這畫面也令她們嘖嘖稱奇，
畢竟在荷蘭很少餐廳會把肉類直接吊起來展示給客人看。

她們當晚住在我的房間。

奇妙的緣份

承接上一篇在荷蘭沙發衝浪，那年六月，荷蘭，我是Anne的沙發客人；一年後的三月，香港，我竟然變成她的沙發主人。

世事就是這麼奇妙，緣份就是那麼說不定。

沙發衝浪帶給我一次又一次與旅人結緣的機會，讓我走進世界各地不同人的家裏。可是，基於各種現實考量，我從未在香港當過沙發主人，一直只是充當沙發客的角色。終於有一次，昔日沙發主人Anne與她的朋友要飛去澳洲進修念書，中途要在香港轉機，便順道在香港度過兩日一夜之旅。我名正言順跟家人說有兩個荷蘭朋友想來借宿一宵，家人也同意讓我接待她們。

這次我與Anne的角色對調，感覺如時空交錯，神奇又不可思議。由於我曾經當過沙發客，彷彿更能夠將心比己，明白如何當一個「好」的沙發主人(當然，「好」的定義因人而異)。例如我能理解沙發客需要個人空間、私隱、一定的自由度等，所以我這個沙發主人就讓出了自己的房間給她們睡，我則跟姐姐同睡一床，那麼她們便不用睡在人來人往的客廳那樣尷尬。雖然我住的房間遠遠比不上歐洲的那樣大，但希望她能理解在寸金尺土的香港，有空出來的床位已經很難能可貴了。

帶Anne吃香港地道的燒味飯。

帶荷蘭人吃叉燒油雞飯

　　她們到達時是早上八點多，我給了她們簡單的交通指示，讓她們乘巴士直接到我家樓下。我在樓下迎接她們時，眼前的場景宛如去年在阿姆斯特丹一樣，唯一不同的是這次背着背包、正在旅行的是Anne。雖然再次見面我們都很興奮，但看到她們一臉倦容，我完全能理解長途飛行帶來的疲勞，所以也減少不必要的寒暄，盡快帶她們回家補眠。

　　睡了幾個小時後，開始感到餓的她們說希望我帶她們吃港式午餐，我便決定帶他們吃我最愛的燒味及港式奶茶！雖然我很擔心她們會吃不慣油膩及偏鹹的亞洲食物，但年輕人去旅行就是要嘗試新事物，當然包括食物。無論喜歡與否，最重要是試過。如果吃平常也吃得到的食物的話，多無聊多可惜啊。而且，其中一個荷蘭女生更是第一次來亞洲，我猜叉燒油雞雙拼配飯大概能帶給她味覺衝擊吧？

　　出乎意料之外，她們倆都表示能接受燒味的味道，還特別喜歡肥美的叉燒，很快便把整碟飯吃光光。燒味對我來說是平常不過的食物，但對她們來說則是一種香港獨有的燒烤美食。用鉤子吊起的叉燒、燒鵝、燒鴨，這畫面也令她們嘖嘖稱奇，畢竟在荷蘭很少餐廳會把肉類直接吊起來展示給客人看。

荷蘭人鏡頭中的香港

由於她們第二天便離開香港，所以我們便把握時間，吃飯後直接展開一天的香港觀光行程。我們先乘火車到旺角的花園街、女人街閒逛。接着前往油麻地的cafe、街市、玉器市場，再沿彌敦道走到尖沙咀海旁，乘坐渡海小輪到中環吃點心。帶她們四處探索的過程中，我很喜歡留意她們拍了些甚麼照片。我發現她們喜歡拍一些香港人的日常生活照，例如馬路街景、小巴、的士、蔬果檔等等，捕捉香港人習以為常的瞬間。

她們眼中的香港，好像特別有味道。那些對我來說平常不過的景致，在她們眼中卻變成了「值得拍攝下來」的東西，看來是我對身邊的事感到麻木了吧？謝謝這兩位外國人，讓我有所感悟。當有外國朋友到訪自己的居住地，你會希望讓他們了解更多關於你生活的城市，殊不知過程中學習到最多的反而是自己，慢慢重新認識與欣賞自己居住的生活空間。

相聚的時間眨眼便過去，之後她們就要離開香港，前往澳洲。離別過後，我回到自己房間，發現床鋪上放了一封信及一對小小的荷蘭木屐(Clogs)鎖匙扣。這是我第一次作為沙發主人收到客人帶給我的禮物，那種開心的感覺遠超於禮物本身。説實話，我從來沒有期望會收到禮物，畢竟她們去澳洲只是各帶了一個大背包。生活的必須品已經夠重，背包裏根本不應再放任何多餘的東西，因此對她們為我騰出寶貴的背包空間放給我的禮物，我更是動容。

擔任沙發主人對我的生活一定會帶來影響與不便。不過，每當我想到小小的付出能幫助到想窮遊、喜歡文化交流的背包客時，就會覺得這一切都很值得，這次也不例外。另外，當過沙發主人後我更確定自己之前的做法都是對的，就是每次沙發衝浪都為沙發主人準備一點小禮物，讓他們感受到我千里迢迢準備的心意，以感謝他們無私地與陌生人分享他們擁有的一切。

在荷蘭，她帶我騎單車；在香港，我帶她坐火車。

她們說想跟具香港特色的紅色小巴來張合照。

我們一起逛女人街。

在尖沙咀海旁飽覽香港的城市景色。

在海旁看古色古香的帆船。

最後去了中環吃點心。

10 被爽約：德國萊比錫

Germany

如果想嘗試沒有計劃地去旅行，就要有心理準備獨自面對行程上的變化，只要別慌張，很多問題便能冷靜解決。

沙發衝浪就是沒法預計會遇到甚麼沙發主人

　　大部分人對我的沙發衝浪經驗感興趣，但更多人對我遇到不好的沙發衝浪經驗感興趣。我聽過至少三個朋友分享他們在巴黎、印度曾遇上心懷不軌的男沙發主人，但由於我很少會選擇一個人生活的沙發主人，至今的經歷都是正常和正面的。只有那麼一次出了小問題。

　　萊比錫是德國薩克森邦最大市鎮。這裏有著名的萊比錫大學，所以住了不少年輕的大學生，相對較易找到沙發衝浪主人。發出request不久後，便有個住在共租公寓的大學生説可以接待我，並立即給了我他的住址。我按指示來到了他住的屋子門口按門鈴，對講機傳來一道聲音，我便回答説自己是來借宿一宵的沙發客。對方安靜了兩秒，似乎感到詫異，還問我是否找錯地址。對講機的通訊聲剛斷，略感尷尬的我再次確認手上的地址是否與眼前的地方吻合。我看了又看，明明沒有錯啊，為何對方會不知道我是誰？冷靜下來後，我決定再按門鈴，第一句便直截了當地説出沙發主人的名字，看看他有甚麼反應。這一次，他好像頓然明白發生甚麼事，開門叫我上去。

　　上去後，我發現裏面有幾個人，而開門給我的是女生，她跟我説那位沙發主人不在萊比錫，幾天前出發到另一個城市參加活動，但她説我可以住在他的房間。我一時反應不過來，只好跟着她走到沙發主人的房間。周圍看了兩眼，房間狹窄，只有一張沙發及碌架床，整體感覺説不上衛生，而且很侷促。雖然仍有點驚惶失措，但理智告訴我還是離開比較好。

　　我跟那個女生交代情況後，便急速離開。或許這不叫做爽約，或許這只是那個沙發主人的性格，訊息往來之間他的確沒有表明過自己會在家中。事後我也不想追究到底甚麼地方出了錯，只急忙找有網絡的地方訂青年旅舍或找青年旅舍的地址。幸好那時只是下午一點，即使要尋找當晚住宿，時間亦綽綽有餘。如果想嘗試沒有計劃地去旅行，就要有心理準備獨自面對種種行程上的變化，只要別慌張，很多問題便能冷靜解決。

　　雖然這次沙發衝浪的經歷令我有點小失望，不過往好處想，至少我最差的沙發衝浪經歷也不算太壞。沒有人説得準你在旅途上會遇上甚麼樣的沙發主人，你能做的是更審慎地瀏覽沙發主人的個人簡介及評價。不過也不能保證甚麼，所以很多時沙發衝浪，我都保持隨遇而安的心態，絕不期望對方是個多熱情、多好客、多友善的人，那麼見面時便不會失望。

萊比錫精選旅遊景點

一間服飾店外的彩色外牆。

位於萊比錫Hauptbahnhof車站附近的塗鴉牆。

彷彿每條大街小巷的塗鴉都會帶給旅人驚喜。

七彩繽紛 街頭塗鴉

　　萊比錫的街頭塗鴉隨處可見，當中最吸引我的要算Hauptbahnhof車站附近的塗鴉，應該是此行我看過最巨型、最色彩繽紛的街頭塗鴉。這塗鴉所畫和紀念的是德國1989年的Peaceful Revolution。當年10月萊比錫的人民走上街頭和平示威，掀起東德政權倒台的序幕。人民手無寸鐵，面對軍隊仍不畏懼，以和平的手法要求東德政府開放改革，最後成功令東德政權下台，柏林圍牆倒塌，兩德統一。

Spinnerei其中一幢建築。

有幸被邀請來到Suzana Brborović的工作室，她出生於斯洛文尼亞，擅長利用線條描摹事物，亦會用剪紙的方法描摹建築物。

在工作室能親身感受藝術家的工作環境，工作室空間很大，難怪申請者眾多，據説競爭頗為激烈。

Spinnerei曾是棉花工廠，當時的機器以及用品也被保留下來。

工廠藝術區 Spinnerei

　　Spinnerei離市中心約20分鐘車程，曾經是19世紀末的棉花工廠，改造後變成藝術家工作室、小型電影院和咖啡館，而歷史留下來的工廠機器、照片等仍好好保存。「棉花工廠」與「藝術」聽上去互不相干，但這種反差更能擦出藝術火花，帶給人耳目一新的感覺。藝術家的工作室正常是不開放的，但因為採訪的原因，我不僅可以參觀兩個藝術家的工作室，更能親身跟藝術家聊德國、聊藝術。一般人來到可以參觀藝廊、展覽、工廠建築等，好好欣賞東德的藝術發展，喜歡的話更可以購買藝術品。

在捷克相識，
在東京重遇
11

在捷克合照。

於東京重聚的合照。

Czech

　　我們坐在地上聊天，Lucie拿出一把ukulele及結他開始彈奏，初時只彈奏一般英文歌曲，之後她開始自彈自唱幾首膾炙人口的日文歌，咬字之清晰令我感到非常驚訝……

165

Lucie拿起ukulele為我唱日文歌。她的日語咬字準確，閉着眼聽還以為是日本人在唱歌。　有晚我為他們炮製日式咖喱及番茄薯仔湯。

哈日的捷克情侶

　　我在沙發衝浪的自我簡介中寫了我的居住城市為日本，令到不少歐洲人都誤以為我是日本人。亦因為這個誤解，不少沙發主人都對我的背景感到興趣，有些沙發主人更直接跟我說自己超喜歡日本、在學習日文、想了解更多日本文化，例如我在捷克時接待我的沙發主人Jaroslav及Lucie。他們是一對同居的情侶，性格都較內斂，話不多，而且這是他們第一次接待沙發客，略顯靦腆也是人之常情。不過，每當他們跟我聊到日本時，便會變得亢奮及侃侃而談。他們好像比我還要熟悉日本，對於日本的動漫、音樂，甚至是各縣景點都瞭若指掌。

　　我停留捷克首都布拉格時，在他們家住了兩晚。有天他們熱情地帶我在布拉格到處逛，而我也找了個機會為他們炮製晚餐，菜式有日式咖喱飯及港式番茄薯仔湯。不知道食物是否合他們的胃口，但幾十天沒吃飯和沒喝湯的我則非常滿足。飯後，我們坐在地上聊天，Lucie拿出一把ukulele及結他開始彈奏，初時只彈奏一般英文歌曲，之後她開始自彈自唱幾首膾炙人口的日文歌，咬字之清晰令我感到非常驚訝，看來他們對日本的喜愛程度真的不是開玩笑的。

一種存在於旅人之間的真誠

人生路途上，我們會遇上很多人，旅途上亦然。

一人旅的旅途上會有很多陌生人出現打亂你的計劃，莫名地闖進你的旅程，走進你的世界。有些可能純粹是萍水相逢的陌生人，有些可能變成你一輩子的好朋友。你們的認識可能是因為沙發衝浪，亦可能是你剛巧訂了今晚的青年旅舍，而他也剛巧訂了當晚的住宿。於是整個晚上你們一起聊旅行、夢想以及人生。不期而遇，是旅途上最美的邂逅。

我在捷克旅行時，除了沙發衝浪，還入住了青年旅舍。我幸運地於一間十五人房內認識了同樣一個人去旅行的香港女生，更與她一起在布拉格遊歷了兩天。絢麗的布拉格城堡與氣氛迷人舒適的查理大橋，都成為我們共同的旅行回憶。除了在布拉格市區觀光，相識當晚，我跟她還去了一間酒吧參與沙發衝浪旅人的聚會，聚會由同樣熱衷於沙發衝浪的當地人舉辦。那是我第一次在香港以外的城市參與這種聚會。

酒吧離市中心約十分鐘車程，參加人數約二十多人，當地人與旅人約各佔一半，場面頗為熱鬧。大家都是愛旅行、對沙發衝浪感興趣的人，即使我們剛認識，但一遇上便喋喋不休，大概每個愛旅行的人骨子裏都有着相似的地方吧？我們各自分享背包旅行經歷、一人旅所遇上的人與事等，與旅行相關的話題與故事彷彿永遠聊不完。

我從沒幻想過，自己一個人在異地時能跟新認識的朋友敞開心扉，打破藩籬，聊自己的心事，甚至是夢想。難以啟齒的荒唐奇想，反而能與陌生人毫無顧慮地分享。跟他們分享，好像比跟朋友說更易說出口。彷彿旅人與旅人之間，存在着某種默契和信任。曾經以為「一個人」是寂寞的代名詞，但自從背包旅行後，發現一個人去旅行即使孤單，也不寂寞。更何況，即使是兩個人或一大班朋友去旅行，也不保證有人在你身旁，便不會寂寞。

大家看到這兒，是否以為我與捷克沙發主人Jaroslav及Lucie的情緣已了？其實不是，旅程就是這樣，永遠沒法預計……

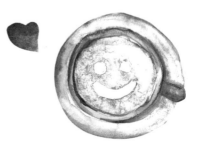

我們參與了當地的
沙發衝浪聚會。

我與在青年旅舍認識的香港女生合照。　　布拉格城堡。

我們都對當地美食麵包卷(Trdelník)
非常感興趣。

從布拉格城堡步行下去市中心時，能飽覽
布拉格的城市景觀。

查理大橋。

當天我們遇上了另一班一起旅行的香港年輕人，閒聊幾句便熱絡起來。

兩個人想自拍？把手機放在地上拍攝是最好的方法！

169

於井之頭恩賜公園可以欣賞到沿兩岸延伸、
密集的櫻花樹，與湖中央天鵝船相映成趣。

我們在井之頭恩賜公園重聚賞櫻。　　　　之後帶他們吃了我最愛吃的蛋包飯。

與捷克沙發主人在東京賞櫻

　　每段旅行都是為了一次不經意的偶遇。在捷克的相識是種子，東京的重遇是其中一朵盛放的花。重遇如櫻花般來得那麼輕、那麼不經意。

　　四月我剛回東京繼續生活時，剛巧Jaroslav及Lucie也去了日本旅行。緣份這回事，誰能夠說得準？出發到日本前他們先跟我聯繫，問我是否在東京，希望我能跟他們一起賞櫻。我當然樂意跟他們一起賞櫻，能夠聚舊，我比他們還要興奮！當天，我還特地帶了之前在布拉格買的帆布袋，這個袋是我跟他們逛街時買的，可算是紀錄了我在捷克當沙發客的回憶。這是我第一次帶外國人遊東京，感覺神奇之餘亦緊張。雖然我住在東京已有一年半時間，但始終我不是一個「當地人」，對於東京仍然未算了解，但我還是盡力向他們介紹東京的觀光資訊。

　　我帶了他們去東京數一數二的賞櫻勝地吉祥寺井之頭恩賜公園，我們先散步走一圈，買了杯櫻花口味的雪糕，再坐在櫻花樹下放鬆，舒服地賞櫻花、聊天。兩年沒見，我們彷如認識了很久的老朋友，一聊便是一個多小時。我們互相更新彼此的最新狀況，他們讓我看了前年婚禮的照片，跟我分享有關在捷克辦婚禮的傳統儀式及文化。我想，要不是沙發衝浪的話，我究竟要怎樣才有機會找到外國人跟我分享這般細微的生活大事與小事？

　　世界很大，你永遠猜不透這一秒和下一秒會有甚麼人踏進你的生命，亦不會知道這次邂逅會怎樣延伸到下次的重遇。你能夠做的，就只是把握機會，活在當下。如日本的櫻花般，有些東西雖然短暫，但那畫面卻最能刻印在心上。

#Food Menu
捷克經典美食

Trdelník。

Trdelník

Trdelník是捷克的傳統甜點。店家把麵包圈成一圈圈捲在長棍上，旋轉地烤焗，再灑上糖粉、杏仁片、核桃粉、肉桂粉等，香酥好吃。在布拉格街頭隨處都能找到。

#Tourist spots
捷克精選旅遊景點

查理士大橋。

從橋上眺望布拉格城堡。

白天時的查理士大橋總是聚集了滿滿的遊客。

橋上的街頭藝人。

氣氛熱鬧 查理士大橋

查理士大橋連接布拉格城堡及舊城區，氣氛悠閒，沿橋走可欣賞到兩岸風光。橋上有三十尊精雕細鏤的雕像，每座雕像背後都有自己的故事。橋上販賣各種手工藝品，聚集畫家、街頭賣藝者等等，組成了布拉格別有特色的城市風景。

當地人力推 Český Krumlov小鎮

　　Český Krumlov小鎮位於捷克郊區，是當地人極力推薦的景點。從布拉格前往約三小時車程。這裏保持了中世紀風貌，較布拉格寧靜與純樸，充滿童話氣息。小鎮不算大，分成外圍的城堡區和被河流包圍的舊城區，大約數小時便能逛完。河邊有許多餐廳和cafe，適合一邊欣賞曲折蜿蜒的伏爾塔瓦河，一邊悠閒地喝杯午後咖啡。別忘了爬上彩繪塔欣賞小鎮全景。

曲折蜿蜒的伏爾塔瓦河(Vltava)。

彩繪塔。

從彩繪塔俯覽小鎮全景。

第一次在亞洲人家中沙發衝浪： 北京 12

天擇、利紅和我的合照。

Beijing

　　當晚，他們已經安心地把鑰匙交給我保管，還説：「當這裏自己家吧，不用客氣。我們明天要上班，很早便出門了，你就在這兒慢慢睡好好休息吧！」

熱情好客的河南夫婦

　　至今我有過二十多次當沙發客的經驗，曾經住在很多陌生人家裏，不過大部分都發生在歐洲，或者可以說所有沙發主人都是西方人。所以這次的沙發衝浪經驗特別值得紀念，因為這是我第一次住在兩個中國人的家。

　　不同國籍的人都有不同的家庭文化。相對西方人，亞洲人的思想較保守，自我保護機制亦較強，所以要他們接待陌生人住自己的家，對某些人來說可能是天方夜譚。沙發衝浪在中國或日本等國家並不流行，所以我前往北京前，早已搜集了當地青年旅舍的資料，出發前只發了三個沙發衝浪的request，沒有真的期望收到回覆。

　　怎料，這對北漂的河南年輕夫婦很快接受我的request，說很樂意接待我這個陌生人住三天兩夜。當天我們相約在地鐵站附近的店鋪見面，來接我的是年輕的男主人天擇，坦白說，當時我有一刻猶豫自己是否應該跟他回家。畢竟這是我第一次在亞洲沙發衝浪，而且他們的reference只有三、四個，緊張突然來襲。不過，幸好那時是白天，如果真的察覺出有甚麼不妥的話，大不了便立即離去，另找住宿。沿路跟他一直走，那時候不安感其實已減低一半。天擇給我的第一印象是個性格淳樸、老實的人，感覺這個人值得信賴，他還跟我分享了之前接待沙發客的經歷，聽罷我漸漸感到安心。

　　走了十分鐘，終於到達他住的小區，附近都是民居，街上盡是街邊檔、路邊攤，非常平民化。他們住的房子外形雖然較殘舊，但裏面其實很新和乾淨，對於我來說房子已經算很大了。住在這類型的舊房子很有感覺，東西雖然破破的，卻蘊藏另一種美感。走進他們家後，終於看到女主人。天擇向我介紹他老婆利紅，利紅熱情好客又健談，一進門便熱烈地歡迎及招呼我。我放下背包，彷彿同時放下不安，打從心底覺得很高興第一次在中國沙發衝浪便遇上那麼友善的沙發主人。

　　他們是一對很可愛的新婚夫婦，來自河南。利紅跟我說，他們之前曾招待過比利時的沙發客，可惜天擇和利紅的英語水平一般，跟他們溝通不了，所以他們很慶幸我會說國語，溝通方便得多。的確，語言這工具對於人與人之間的溝通很重要，能減少不少誤會，亦能讓對方更暢所欲言分享自己的想法。

　　當天晚上，天擇與利紅打算在家裏煮晚飯，問我要不要一起吃，我當然應邀說好。一如既往，我本來想為他們煮一兩道菜，但他們堅決說不用，反而希望我舒舒服服地看電視等吃飯。其實我前往北京之前去過河南，當時已經覺得河南人與別不同，特別好客，天擇與利紅又再印證了這一點。他們煮的家常便飯既健康好吃，又能讓我體驗當地人的飲食文化。這餐晚飯雖然簡單，卻令我感動又滿足。作為回報，我送了從日本九州帶過來的手信，雖然不值錢，但代表了我小小的心意，希望他們喜歡。另外，當晚，他們已經安心地把鑰匙交給我保管，還說：「當這裏自己家吧，不用客氣。我們明天要上班，很早便出門了，你就在這兒慢慢睡好好休息吧！」當時我很驚訝這兩個中國人第一天便如此信任我，很感謝他們選擇相信我這個陌生人。

　　接下來幾天是平日，他們都要上班，沒時間陪我，而我也習慣一人遊，不會奢望沙發主人會帶我到處去，所以白天我便自己在北京觀光，晚上回家吃飯，或者在外自行解決。其實，喜歡沙發衝浪的一大原因，是可以觀察平民化的住宅區，發掘當地人最真實的一面，融入他們的生活。天擇他們家樓下是菜市場，偶爾沒事做，我最喜歡在這裏閒逛，買饅頭和豆漿，邊吃邊看當地人的生活。附近還有個大公園，適合我閒時散步及散心。出於沒有地圖和網路，我在這個小區迷路過幾次，亦走過不少冤枉路，但迷路也是旅行的一部分，讓我對走過的路留下更深刻的印象。

沙發主人住的小區。

雖然舊房子外觀看上去都破破的，於我而言卻很有特色。

沙發主人的家。

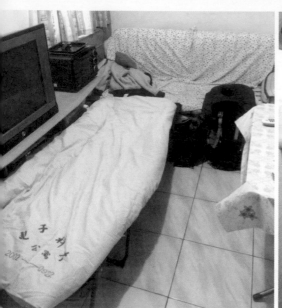

我睡的是一張可折疊的床。

因為我不想麻煩他們借出家中的洗衣機，
所以每天都會自己手洗衣服。

天擇與利紅正用心地做飯。

人在外，在感到累的時候，心裏最渴望的
不過是一頓溫暖的家常便飯。

公園的河水冷得結冰。

吃中國東北地道小菜

　　星期五晚上，他們邀請我與天擇的妹妹一起吃飯，想帶我吃地道的食物。來到菜館，天擇的妹妹帶了一個小吃讓我嘗嘗，名字叫「驢打滾」，是中國東北地區、老北京和天津的傳統小吃。糯米皮包着紅豆餡，表面再撒上黃豆粉，口感煙煙韌韌，非常好吃！吃驢打滾時，主角來了，是「羊蝎子」，即羊脊骨！叫「羊蝎子」，是因為外形與蝎子相似，經過長時間燜煮，肉燉得很軟嫩，味道鮮美。我在香港從未聽過「羊蝎子」這道菜式，當然亦沒有機會吃過，因此我格外高興有機會被帶到那麼地道的餐廳，與當地人一起吃飯聊天，非常盡興。

　　回到家中，他們叫我一起看租借回來的電影，原來是周星馳的《唐伯虎點秋香》！我想，那兩名沙發主人跟大部分香港人一樣，把周星馳最經典的電影全都看過。感謝周星馳，為這晚帶來歡樂，還讓兩個河南人與一個香港人莫名其妙地拉近了距離。

　　和天擇與利紅相處起來舒服自然不造作，因此來到了臨別那天很不捨。為了爭取更多跟他們相見的時間，當天我特地早一點起床，陪他們到樓下的早餐店吃碗鹹豆腐花，然後與他們好好道別，目送他們上班。我回家休息一會，才離開那溫暖的家。草綠了又黃，花開了又謝，歲月無痕，此時此刻只是在心中掠過一絲輕輕的憂傷。雖然不捨，但沙發衝浪就是貴於「緣份」這兩個字，相信如果我們有緣的話，自然會再相見。

炸饅頭切片，當地人吃時會拌辣腐乳！

意想不到的好吃的「羊蝎子」！

當地傳統小吃「驢打滾」。

晚上一起看《唐伯虎點秋香》。

離別那天早上，我們在早餐店吃早餐。習慣吃甜豆腐花的我終於嘗試了鹹豆腐花，味道還不錯。

回家收拾背包，繼續踏上旅途。

天擇、利紅和我的合照。

體驗平民化的慵懶生活：
越南 ★ 13

與Ha Bui的合照。

Vietnam

　　我的沙發主人覺得很神奇，為何一個外國人對於平凡不過的路邊攤那麼感興趣、為何一個外國人對於這些看似不值一提的事物給予那麼高的評價，所以她不由得說：「接待你之後，我覺得自己更愛越南了。」

Ha Bui 住的房子一幢三層，外形狹長。第一層是客廳，第二及第三層是房間，裝潢帶點中國風，風格古雅，而我被安排入住雜物房。

把床墊放在地上，便是一張舒適的睡床。

晚上Ha Bui跟我分享她愛看的書，都是與背包旅行有關的。

突如其來的接待

　　一個外國朋友得悉我在河內也要沙發衝浪時，他很大反應：「不是吧，河內物價那麼低，那樣便宜的城市為何要沙發衝浪？」其實我沙發衝浪，為的又怎會是節省那一點錢？無論是物價高或低的國家，我都試過沙發衝浪，為的是體驗，希望在每個國家寫下屬於自己的故事。雖然不見得每次都是一百分的經驗，但每個沙發衝浪的故事都肯定刻骨銘心。

　　趁着九月大學開學前，我去了越南九天，主要遊走越南北部，包括河內、沙壩及下龍灣。住宿方面，我發了兩、三封request給河內的沙發主人，但上機前都未有回音。由於第一天到達時間是晚上十點多，為了方便，我訂了一晚入住河內市內的青年旅舍八人房，當晚認識了幾個同樣是一人旅的外國背包客。整趟旅程我沒有甚麼特別計劃，相當自由，所以次日我們便相約一起探索河內，前往博物館。就在那天早上，我終於收到女沙發主人Ha Bui的回覆，突然說當晚可以接待我，還表示很樂意帶我遊河內。就這樣，一整天悠閒的安排突然排得滿滿的。旅行很多時候，計劃永遠趕不上變化。沙發主人Ha Bui是當地人，是個很喜歡「吃」的年輕女生，年齡與我相若。

潮濕炎熱的河南

　　河內天氣潮濕，只靠開窗讓自然風吹進來令我難以入睡，這大概是城市人的病吧？香港雖然也潮濕，但我習慣了城市生活有冷氣和抽濕機，持續炎熱時大可躲在室內享受冷氣，一旦離開了這個舒適圈，便措手不及。生活中有太多習以為常的事，當局者迷，我們常缺乏反思的機會。旅行是一種教育，它能不歇止地改變我對生活的想法，讓我學會用不同的角度審視自己。

令人大開眼界的北越美食

　　有怎樣的沙發主人,就有怎樣的沙發衝浪體驗,因此我的河內之旅,短短幾天便嘗盡了北越美食。河內市中心不大,很容易逛完,但這裏有多條相似的小街巷,走着走着會誤以為自己在兜圈。Ha Bui帶我走入橫街小巷,第一站先來到餐廳Pho 10吃越南街頭正宗越南粉(Pho)。餐廳只賣牛肉Pho,但單是牛肉Pho按不同部分就已經有十種選擇,例如牛腩和牛腹肉,非常講究。店內坐滿當地人,感覺來對了地方。

　　桌上放了兩大碟青檸和辣椒,而Pho上又放滿了香葱及芫荽用來配色及增添風味,跟我想像中的越南河粉相近,空氣裏瀰漫了天然香料和芫荽的味道。香港人吃慣南越的河粉,配料較多,調味也較重;相較之下北越河粉的味道較清淡及易入口。我們對於國際美食都有既定印象,畢竟我們只能憑在香港吃到的味道去推想當地美食是怎樣的。我對於越南美食的認識,本來僅限於Pho和越式三文治,但這一趟越南美食之旅,令我大開眼界。

桌上放了許多
青檸及辣椒。

吃Pho時會擠少量青檸汁,味道更清爽。

牛肉Pho按牛的部位分有很多款。

好心人為我們
拍了張合照。

Pho 10
🏠 地址:10 Ly Quoc Su Street

Ha Bui除了帶我吃Pho、越式三文治，還帶我品嘗為我帶來嶄新味覺體驗的炸豆腐米線。所謂炸豆腐米線，餸菜、米線、醬汁、香料全都是分開的。膠盤上放有炸豆腐、炸春捲、魚餅、米線、薄荷、魚露、蝦醬、羅勒，剛看到時實在有點不知所措。那蝦醬跟平常在香港吃到的很不同，腥味較重，第一次吃未必能接受得到。米線是結塊後再切成一小塊的，容易入口，不用擔心一夾就散。老闆只要有一台推車和幾張塑膠椅，就足夠設攤，食客都圍着老闆的地攤坐在板凳上，充滿越式風味。

除此以外，有種河內美食讓我一直念念不忘，更在一週之內重複吃了四遍，就是越南的夏日甜品：黑糯米拌乳酪。黑糯米我吃過，乳酪我也吃過，但拌在一起我從沒試過。乳酪酸酸甜甜，黑糯米軟糯香甜，拌在一起吃甜而不膩，清爽的味道特別適合在潮濕的天氣下吃。

第二天早上，Ha Bui帶我去附近的早餐店吃蒸粉卷，吃當地人常吃的早餐，體驗真正的庶民生活。

當地人細心地蒸白色粉皮，每一片都很薄，吃起來散發陣陣米香，特別軟滑。

內餡有木耳、豬肉，表面撒了點肉鬆、油葱酥、芫荽提味。

擠滿當地人的路邊攤。　　　　　幾張板凳就足夠設攤。

路邊攤是發掘美食的最佳地方。　設備簡陋但風味十足的路邊攤。

當地人習慣坐在矮矮的板凳上吃飯。

附上許多芫荽的
炸豆腐米線。

賣炸豆腐米線的路邊攤。

這個賣甜點的路邊攤有多種材料讓你自選，包括黑糯米、綠豆、芋頭等等。

黑糯米粒粒分明，跟乳酪非常搭配。

非常推薦的黑糯米拌乳酪。

沙發主人教我加入冰塊，吃起來更冰涼。

越南咖啡

　　越南cafe林立，有各式各樣的特色咖啡，例如雞蛋咖啡、乳酪咖啡，但我愛喝的是最基本的越南冰咖啡。越南咖啡豆的烘焙時間一般都長一點，傳統越南咖啡相當苦澀而濃郁醇厚，加上越南欠缺新鮮奶源，所以越南人飲用咖啡時會加入煉乳，而不用鮮奶。要製作香醇的越南冰咖啡，當地人會先在杯中放入煉奶，然後再將已注入咖啡粉及熱水的滴漏壺置於杯上，慢慢等咖啡滴濾完再放入冰塊。

越南咖啡。

以蛋黃取代牛奶打泡而成的雞蛋咖啡，味道像梳乎厘。

　　我對所有國家的庶民美食都感到極大興趣，加上越南物價便宜，令我一整天都處於興奮狀態。有人覺得河內破舊、秩序混亂，但我偏偏就是喜歡那種隨意不造作、懶洋洋的氛圍。入鄉自然要隨俗，我在越南天天坐在板凳上吃飯、喝咖啡、吃甜品，雖然我覺得這不是最舒服的姿勢，但就是很享受那種「融入當地」的感覺。我的沙發主人覺得很神奇，為何一個外國人對於平凡不過的路邊攤那麼有興趣、為何一個外國人對於這些看似不值一提的事物給予那麼高的評價，所以她不由得說：「接待你之後，我覺得自己更愛越南了。」聽罷，不知怎的我覺得很開心。

　　沙發衝浪讓我闖進其他人的生命，初時以為只有沙發客會在過程中改變，怎料這個沙發主人告訴我，原來我也會改變到她對自己國家的看法。很少人會不愛自己的國家或城市，但我們總需要被某些事或人激發，才會回頭看見居住地的好。長期生活在某個國度會令你不自覺變得麻木，因此我們需要出走旅遊，跟不同背景的人交流，才能以一個嶄新的角度重新欣賞和審視自己的國家與城市。

在河內隨處可見的斗笠，是越南傳統的草帽。

三月是河內最潮濕的月份，那種難受的濕度讓我想起了香港。

我跟Ha Bui在還劍湖散步時，有班學生想訪問我，Ha Bui便擔任我們溝通的橋樑。

河內的街上摩托車聲不斷。

我這個背包客，穿梭於小巷中尋找越南平民美食。

街上隨處可見的越式法包。越南人做法包的方法跟一般法包不同，它加入了粘米粉，比一般法包更脆。

越南式三文治放入許多蔬菜與芫荽，口味清爽。

享負盛名 還劍湖

　　還劍湖是河內享負盛名的地標,位於舊城區。湖岸四周樹木青翠,景致怡人。我最喜歡坐在湖畔欣賞湖景及觀察在湖邊散心的當地人。

還劍湖。

河內那幾天相當潮濕,還經常下雨。

雖然還劍湖是人氣旅遊景點,但人流不算多,氣氛尚算悠閒。

探訪少數民族 沙壩

　　沙壩位於越南北部與中國邊境的山區，適合登山健行，探訪少數民族的村落和欣賞綿延不斷的梯田。我參加了當地的旅行團，乘搭了八小時的過夜臥鋪巴士來到這個美麗得讓人窒息的山城，登了兩日山，更留宿在當地的民居。少數民族從小就習慣走山路，穿的只是膠拖鞋，而我穿着波鞋，走在濕滑的山路上仍覺得舉步維艱。路線其實不難走，只是當天剛好下雨，走路時有些困難。

臥鋪巴士。

下車抵達時只是早上的五、六點。

少數民族。

少數民族的服飾色彩繽紛，每個細節都讓人目不暇給。

可惜當天天氣一般。

走到一半時，褲子與鞋已經沾滿泥土。

很多路段都需要橫過溪水到對岸。

沙壩的山路不易走。

沿途看到美麗的梯田。

在山中長大的小孩。

住在當地人的家，餸菜豐富、非常好吃。

世界遺產 下龍灣

　　下龍灣是著名的世界自然文化遺產，離河內約四小時車程。我參加了兩天一夜的當地旅行團，遊船欣賞轟立在海面上的小島，島嶼的怪石奇岩姿態各異，是鬼斧神工的天然奇景。除了賞風景，不少外國遊客都是為了在船上喝酒及開派對而前往下龍灣。

下龍灣的景致如詩如畫。

在船上認識了一個同樣是一人旅的美國女生。

航行時能看到絕色風光。

穿梭在奇岩怪石中。

以海為家的當地人。

徵稿

行走江湖，
大家講個「信」字。
如果你相信文字嘅力量；
相信自己嘅創造力；
相信菱文化，
歡迎向我哋投稿。

投稿方法：
傳電郵至diamondpublish@gmail.com

菱文化
Diamond

《沙發衝浪客的不設限之旅》

作者：翁沛橦
攝影：翁沛橦
責任編輯：陳奕祺
協力：方曉彤、李美儀
版面設計、插畫：momokid,Fish
出版：菱文化
電郵：diamondpublish@gmail.com

發行：泛華發行代理有限公司
地址：香港新界將軍澳工業邨駿昌街七號星島新聞集團大廈
電話：2798 2220 傳真：2796 5471
網頁：http://www.gccd.com.hk
電郵：gccd@singtaonewscorp.com

台灣總經銷：商流文化事業有限公司
地址：新北市中和區中正路752號8樓
電話：(02) 2228 8841　傳真：(02) 2228 6939
電郵：james@vdm.com.tw

印刷：鴻基印刷有限公司
出版日期：2019年3月第1次印刷
定價：港幣九十八元　台幣三百五十元
ISBN：978-988-79383-1-6
出版社法律顧問：勞潔儀律師行